Croquis Parisiens

PAR  **I. PAVLOVSKY**

PARIS

ALBERT LANGEN, ÉDITEUR

112, BOULEVARD MALESHERBES

1895

CROQUIS PARISIENS

I. PAVLOVSKY

ÉTUDES

ET

Croquis Parisiens

CRIME ET MISÈRE

PARIS

ALBERT LANGEN, ÉDITEUR

112, BOULEVARD MALESHERBES, 112

Dépôt chez **NILSSON**, 338, rue Saint-Honoré

1895

Tous droits réservés

Ces études, ayant paru à différentes époques, présentent par la suite quelques anachronismes de détails que le lecteur rétablira facilement de lui-même.

I

CHEZ LES POLICIERS

Un jour, je reçois un petit mot de mon ami Méténier, auteur dramatique bien connu aujourd'hui, mais qui alors n'en était qu'à ses premiers débuts littéraires et remplissait les fonctions de secrétaire du commissaire de police du quartier de la Roquette.

« Venez, m'écrivait-il, à mon bureau, vers neuf heures du soir, nous ferons une excursion dans les repaires des voyous et des souteneurs ; je vous promets que ce sera très intéressant. Sans moi, vous ne verrez jamais pareille chose. »

Comme j'avais reçu, presque en même temps que cette lettre, une autorisation de la préfecture de police pour visiter les prisons de Paris, je m'empressai d'accepter l'aimable proposition de Méténier, afin de compléter l'une par l'autre ces deux investigations.

Le quartier de la Roquette (qui compte 80,000 habitants) est un des quartiers les plus misérables de Paris. Peuplé d'ouvriers déclassés qui nichent comme ils peuvent, dans des logements exigus et des chambres infectes et obscures, il est composé de rues étroites qui ressemblent plutôt à des puits. On y trouve tout un assortiment d'hôtels où les vagabonds sans gîte, « couchent à la corde » moyennant deux sous pour la nuit. Impossible de réclamer un lit pour ce prix-là, mais comme il faut toujours abriter sa tête quelque part, surtout en hiver, on a eu recours à l'invention suivante. On tend une corde au milieu de la pièce et, le long de cette corde et des deux côtés, on place des bancs. Le client, après avoir payé ses deux sous, s'assied sur le banc, s'appuie contre la corde et s'endort. A l'aube, l'hôtelier « tire la ficelle » et ses hôtes nocturnes sont mis dans la rue, où ils rôdent, crasseux et hirsutes, pareils à des bêtes en quête de leur proie.

Il existe à Paris cent quarante hôtels de ce genre et pas un ne manque de clients.

A l'heure indiquée, je me présentai au bureau de police. En même temps que moi arrivait la Georges Sand espagnole, la comtesse Pardo-Bazan, cette sympathique et originale femme-auteur. Au printemps de l'année dernière, il m'a été donné d'assister au banquet que la presse espagnole avait organisé en son honneur sur l'initiative de MM. Castelar, Perez Galdos, Canovas-del-Castilio, Sagasta, etc. Mme Pardo-Bazan, en robe de bal, entourée de célébrités, était alors l'héroïne du jour.

Je m'imagine l'étonnement de tous ces hommes célèbres et de ces grands seigneurs s'ils avaient vu alors leur héroïne, en costume de cuisinière, assise dans un fauteuil, au bureau du commissaire. Mais, dame! on ne va pas en toilette de bal dans les repaires de voleurs et de brigands.

— Nous aurons une soirée bien remplie, fit Méténier en nous voyant entrer : mettez-vous là, tenez-vous tranquilles et écoutez ce qu'on dit dans la pièce voisine.

Cette pièce, longue et basse, était malpropre ; deux piliers crasseux soutenaient le plafond ; d'un côté de la pièce, le long du mur, se trouvait un banc ; de l'autre côté, derrière une cloison grillagée, on voyait des tables de bois blanc tachées d'encre et couvertes de tas de papier gris. Un homme jeune, à barbe taillée au ras de la peau, en pardessus et cache-nez rouge, allait et venait derrière la cloison. C'était l'inspecteur de police en train de recevoir les déclarations des plaignants, qui étaient assis avec recueillement sur le banc, le long du mur. La figure de ce fonctionnaire était intelligente et énergique.

L'un des plaignants tournait le dos aux autres. A chaque instant il agitait ses bras et fondait en larmes.

— Que dis-tu ? s'écria l'inspecteur avec compassion. Cette jolie femme... à côté du concierge... la blanchisseuse ? Ah ! mon Dieu !

— Oui, répond le plaignant en sanglotant ; je rentre de ma journée... j'ouvre la porte, tout est calfeutré, la pièce remplie d'une odeur de charbon et elle est étendue par terre, près du poêle... le corps était encore tiède.

Un sanglot coupa la voix de l'ouvrier.

— Mais je l'ai vue ce matin ! Ah ! la belle femme ! Ah ! la pauvre enfant !

— Oui, c'était une enfant, une vraie enfant, pas une femme... à cause de moi, que voulez-vous, c'est mon idée... oui, à cause de moi. Je me suis brouillé avec elle ce matin et je ne suis pas rentré pour déjeuner, et voilà !... Oh ! ma pauvre petite ! C'est mon idée, que voulez-vous !

— Ah ! la pauvre, ah ! la malheureuse. Qu'elle était belle ! Non seulement jolie, mais réellement belle, disait tout haut l'inspecteur en se parlant à lui-même. Et maintenant, dis-tu, elle est étendue par terre et encore tiède ?

— Oui, elle vous aimait bien, M. C... C'est précisément pourquoi je disais...

— Mais, imbécile que tu es, pourquoi donc n'as-tu pas couru vite chercher un médecin ?

— C'était inutile, le médecin n'y pouvait plus rien... Elle avait un bras presque complètement brûlé.

— Ah ! la belle femme !... Et vous, qu'est-ce qu'il y a ? On casse les carreaux ? Qui cela ? Jean Patte-de-Lion ? Ah ! le sale type. Et puis ? il a filé ?

— Oui, monsieur, il a filé ! Il m'a cassé

tous les carreaux; pour une quarantaine de francs à peu près.

— C'est bon, je l'aurai un jour ! Ah ! la belle femme !... Tu peux te retirer, j'irai tout à l'heure !... Que vous faut-il ?...

Toute une série de souffrances humaines défile, racontées en phrases entrecoupées, souvent d'une manière brève et rude, parfois même grossière : «Mon mari est mort par suite d'une opération», déclare une femme entre deux âges, tenant un enfant dans ses bras, (chez elle, elle en a laissé encore quatre.) — « On m'a volé toutes mes économies, (deux cents francs) se plaint un vieil homme en blouse. » Impossible d'énumérer tout.

L'inspecteur sort pour constater le suicide, et pendant son absence Méténier cause.

— Avez-vous remarqué comme il est frêle, et pourtant il est d'une force incroyable et hardi, le bougre. Aussitôt qu'il sera rentré, je l'enverrai pour arrêter deux bons gars qui ne travaillent qu'avec leur couteau et leur bull-dog (revolver). L'un de ces deux-là a planté son couteau, la semaine dernière, dans la poitrine de son ami, un maquereau comme lui et qui est déserteur par-dessus le marché. L'autre a dévalisé ces jours-ci un ouvrier et lui a ouvert le crâne avec son casse-tête. Et cela pour deux francs.

— Comment avez-vous appris où ils sont? lui demandai-je.

— C'est la maîtresse de l'un d'eux qui me les a dénoncés. En venant ici vous avez peut-être remarqué au coin de la rue un foule amassée autour de chanteurs ambulants. Eh bien! mes gaillards sont là.

— Mais ils peuvent partir!...

— La dénonciatrice les surveille.

Quelques minutes après, l'inspecteur revenait avec le procès-verbal.

— Quel horrible spectacle, dit-il en essayant de conserver son calme. Il y a une heure on aurait pu la sauver; le corps est encore chaud, mais le cœur a cessé de battre. Et dire qu'elle s'est donné la mort pour un ivrogne qui la battait deux fois par jour. Quel dommage! quel dommage! c'est-à-dire, vous comprenez, ce n'est pas un si grand dommage, mais tout de même... Ah! la pauvre enfant!... Maintenant, à la chasse! s'interrompt-il tout à coup, en s'adressant à Méténier.

— Oui, et faites au plus vite, mon ami, car je suis obligé de m'en aller.

L'inspecteur sort de nouveau.

— Il part comme cela, tout seul? demandons-nous.

— Non, il va prendre avec lui un agent en civil, mais il effectue la besogne tout seul; l'autre n'est là que pour l'aider en cas de besoin.

— Est-il armé?

— Il a un bull-dog dans sa poche et une canne plombée à la main. Mais le revolver sert plutôt de porte-respect; du reste, si l'on a à faire à une bande, on risque toujours d'être tué par derrière avant qu'on ait eu le temps d'user de son arme. Un voyou se rend rarement sans résistance.

Pendant que nous écoutons Méténier, qui nous entretient de sa vie policière, un bruit de pas lourds et la rumeur d'une vive conversation se font entendre dans l'escalier. Méténier passe rapidement dans la pièce voisine. Nous, qui sommes déjà au nombre de dix, l'y suivons.

Le jeune inspecteur paraît sur le seuil: il est visiblement agité; derrière lui vient un robuste gars, vêtu d'un veston de toile bleue, sous lequel s'entrevoit un tricot brun. Il est suivi d'un agent en civil, à la démarche gauche et pesante.

— Comment! rien qu'un? demande Méténier.

— L'autre, nous le trouverons demain à la Morgue.

— Comment cela?

— Je l'ai presque assommé. Figurez-vous qu'ils étaient six, et ils se sont jetés tous sur moi pour délivrer le prisonnier. Alors je leur ai flanqué un coup de ma canne, qui s'est cassée en deux sur la tête d'une de ces canailles. Le sang a jailli comme d'un bœuf, et la bande s'est dépêchée de l'emporter. Je n'ai pas voulu les poursuivre, pour ne pas laisser échapper ce gaillard-là, finit l'inspecteur en désignant son prisonnier.

Ce dernier ne semblait pas embarrassé le moins du monde, pendant que durait cette conversation. Il s'était installé sur un banc, tout à fait à son aise. Sa figure rasée, qui, pour le moment, était tout de même un peu interdite, n'était pas sans bonhomie; ses petits yeux avaient une expression de gaieté spirituelle, et toute sa personne je ne sais quoi de naïf et presque d'enfantin.

— Cependant il faut lui rendre justice, continua l'inspecteur, il s'est conduit très convenablement.

— Dame! Il le fallait bien. Puisque je suis refait, je suis refait. Dix ans de plus ou de moins, ça ne fait pas grande diffé- rence. Du reste, il faut le dire, Monsieur l'inspecteur, vous avez su vous y prendre ; impossible de me défendre ; de plus, je n'avais pas sur moi mon bull-dog. Sans ça, je vous aurais logé un pruneau dans le ventre.

— Que non!... Avant que tu n'aies empoigné ton bull-dog, je te cassais la tête, répliqua l'inspecteur d'un ton amical, mais où perçait le ton de l'amour-propre blessé.

— Je ne dis pas non, mais je me serais défendu.

— Puis, tu oublies que vous étiez six et moi j'étais tout seul.

— Je ne dis pas que vous n'êtes pas brave, mais vous m'avez arrêté sur la dénonciation de Coco, cette sale vache...

— Je te jure que non. C'est ton nou- veau concierge qui m'a prévenu...

-- Le concierge? Jamais! Permettez-moi de vous le dire. Excusez-moi si vous voulez, mais vous mentez.

— Je ne mens pas, je t'aurais déjà pincé mardi dernier, mais tu avais quitté le quartier.

A ces mots, le prisonnier se lève brusquement, comme s'il venait d'être piqué.

— Que je me sauve du quartier où je suis né! Allons donc! Pour qui me prenez-vous?

La conversation continua sur ce ton. Je pense, qu'après un combat, le vainqueur doit causer ainsi avec le vaincu. Pas la moindre irritation de part ni d'autre. Entre plusieurs, l'inspecteur fit cette remarque :

— Il paraît, mon ami, que tu n'as pas mal travaillé. Je suis sûr que tu ne comptes pas moins de dix vols avec effraction à ton actif.

— Ça se pourrait bien, répond celui-ci. Pardi, j'agis selon les principes de Louise Michel.

Cette déclaration nous fait éclater de rire.

— Dites donc, patron, demande-t-il tout

à coup, voulez-vous me permettre de fumer une cigarette?

— Sans doute, si tu veux. As-tu des cigarettes?

— J'en ai, merci. Mais si vous vouliez m'offrir un verre de vin, je boirais à votre succès.

— Comment donc! Avec plaisir.

Aussitôt une bouteille de vin est apportée, le prisonnier se verse lui-même un verre plein et boit à la santé de l'inspecteur.

— Vraiment? Vous offrez du vin à tous vos prisonniers? demande Mme Pardo.

— Oh! pas à tous! seulement aux sujets intéressants. Il faut les traiter avec douceur, autrement on ne pourrait jamais rien en tirer. Demain, par exemple, je serai obligé d'interroger celui-là : il viendra dans mon cabinet déjà disposé en ma faveur ; je lui offrirai une cigarette, (il est défendu de fumer en prison) et à ce prix-là je lui achèterai son aveu. Certainement je tâcherai de le charger et de lui en faire endosser le plus possible ; c'est ma fonction.

— Et s'il faisait du tapage, comment le traiteriez-vous?

— Oh! en ce cas-là, nous sommes cruels. Dernièrement, un gaillard s'est mis à donner des coups de pied dans la porte du poste. Alors je lui ai fait retirer ses chaussures et on lui a jeté à la figure un seau d'eau froide. Nous sommes forcés d'agir ainsi dans tous les cas semblables.

En ce moment la porte s'ouvre et deux agents entrent.

— Vous lui mettrez le « cabriolet » ordonna l'inspecteur, mais ne lui faites pas mal. Il a été très gentil.

— Je veux bien, dit le prisonnier en se redressant de toute sa taille gigantesque et tendant docilement ses deux mains aux agents.

— Veux-tu du vin? Bois encore un coup, ça te fera mieux dormir, dit Méténier en remplissant le verre.

Le prisonnier but encore un verre et essuya sa bouche avec un petit mouchoir de couleur, puis il tendit de nouveau ses mains aux agents. Chacun d'eux tira de sa poche un petit bracelet de ficelles et le lui mit au poignet. L'aspect du cabriolet (menottes) ne présente rien de bien terrible; ce sont tout simplement de petites cordes dont les bouts sont attachés à une

menue tringle de fer. Mais à peine les
agents les avaient-ils mis au détenu que
celui-ci laissa échapper un hurlement de
douleur.

— Oh! vous me faites mal!...

Et toute sa figure prit une expression
de souffrance. Par habitude, les ag.. s
avaient serré trop fort les menottes ; un
moment de plus et les doigts du malheureux dont les ongles étaient devenus violets
auraient saigné. Pour cette fois, sur l'ordre de Méténier, les agents relâchèrent
les cordes, mais je ne souhaiterais à personne de passer par là. Les agents de
Paris, recrutés parmi les Alsaciens et les
Corses, sont durs. La guerre perpétuelle,
qu'ils soutiennent contre les souteneurs
et les cambrioleurs, les rend quelquefois
féroces. Il ne se passe point de jour que
quelqu'un d'entre eux ne soit attaqué,
blessé ou même tué par quelque malfaiteur, pour la seule raison qu'il est agent
de police. Aussi sont-ils tout naturellement
portés à voir dans chaque détenu un
ennemi personnel et ils se vengent. Tous
les policiers français, au fond de leur âme,
ont cette haine invétérée contre leurs prisonniers. Prenons comme exemple Mété-

nier, — une nature excellente, — et parlez-lui des exécutions capitales, et il vous fera cette réflexion :

— Chez nous on grâcie trop : M. Grévy est trop bon. Il faudrait exécuter vingt fois, trente fois plus qu'on ne le fait aujourd'hui ; ce n'est que par ce moyen-là qu'on pourrait terroriser la population criminelle de Paris.

Après les malfaiteurs, ce sont... les journalistes qui jouissent le moins des bonnes grâces de la police. Et cela aussi est explicable, attendu que la presse ne pardonne pas à la police la moindre bévue et cherche à tout propos une occasion de l'attaquer. Mais il faut dire aussi que fort souvent le tort n'est pas du côté de cette dernière.

— Vous ne pouvez vous figurer, me disait un inspecteur, combien les romans d'aventure publiés dans nos journaux impressionnent les gens enclins au crime. Souvent un assassinat est exécuté selon le plan donné par un feuilletonniste des journaux tels que *La Lanterne* ou *Le Petit Journal*. En faisant des perquisitions chez les malfaiteurs, nous trouvons toujours ces feuilles dans leurs poches.

— Il m'est arrivé ces jours derniers, dit

Méténier, de faire subir un interrogatoire
à un ouvrier qui est devenu fou à la lecture d'un roman criminel. Il se présenta
au bureau et déclara : « Je viens dénoncer
toute une bande de brigands ». Vous pouvez vous imaginer l'effet que cette déclaration produisit. Je le fais asseoir et
il commence son récit : des choses horribles, invraisemblables... Il donne les
noms et les adresses des assassins, énu-
mère leurs crimes et détaille leurs signa-
lements.

— Mais où avez-vous appris tout cela?
lui demandai-je.

— Ah! par exemple! tout le monde le
sait à Paris; il n'y a que la police qui dort,
pour l'ignorer. Tenez, voilà les preuves.

Et, après avoir fouillé dans sa poche, il
en retire toute une liasse de numéros de
La Lanterne.

Alors je compris que j'avais un fou
devant moi.

II

UNE RAFLE

Au bal donné par le ministre des Affaires
étrangères, je rencontrai Oscar Méténier.

— Voulez-vous, en sortant d'ici, m'ac-
compagner dans une expédition policière ?
me propose-t-il. Mon ami Véron, qui
vient d'être nommé commissaire de police
du quartier des Halles Centrales, fait aujourd'hui sa première grande rafle. Vous
y verrez des choses que bien des policiers
n'ont pas souvent vues. De ce palais somptueux, plein d'une société parisienne d'é-
lite, vous vous trouverez transporté dans
le plus misérable milieu, au-dessous duquel
il est impossible de tomber et que rien ne
peut dépasser comme sinistre. Le con-
traste sera grand, mais instructif.

Il était une heure du matin. La rafle était fixée à deux heures moins le quart : nous partimes donc immédiatement. Chemin faisant, Méténier m'explique la différence entre les bouges que nous avions déjà visités et ceux que nous allions voir.

Quiconque a jamais été à Paris a eu sans doute l'occasion d'apercevoir, et ceci en toutes saisons, dans les squares et les parcs et parfois sur les boulevards extérieurs, des hommes déguenillés dormant sur les bancs. Ce sont les vagabonds de Paris. Parmi eux se trouvent des ouvriers sans travail, des gens qui arrivent de province, qui ne connaissent pas Paris et qui n'ont pas encore trouvé d'occupation. Mais ceux-là sont en petit nombre. La majorité des vagabonds se compose de voleurs et de brigands qui n'hésiteraient pas à étrangler un homme pour quarante sous. Ils ne « travaillent » qu'à la faveur de la nuit. Réduits par la faim à l'état de bêtes fauves, ils se jettent sur les passants, souvent à dix, onze heures du soir, en se servant de leurs couteaux et de casse-têtes. Ils n'ont jamais de domicile parce que, d'abord, ils n'ont pas de quoi payer de loyer et qu'ensuite, étant toujours en mauvaise intelligence avec la justice, ils redoutent des visites inattendues de la police. C'est pourquoi, après avoir achevé leur « besogne », ils se rendent, à deux ou trois heures du matin, dans le quartier des Halles Centrales. Là, ils se trouvent comme dans un paradis. Le quartier commence à s'éveiller. D'énormes voitures de maraîchers chargées de légumes arrivent avec fracas et déchargent leurs marchandises sur les trottoirs. Qui voudrait pourrait bien, sans trop de difficulté, s'emparer d'un panier, d'un quartier de viande, ou sauter dans une voiture et fouetter le cheval. Qui veut aussi gagner quelques sous peut également les gagner en aidant à décharger les marchandises. Mais le principal pour ces gens-là est de pouvoir passer toute la nuit dans un des nombreux cabarets qui restent ouverts, se réchauffer, boire un verre de vin et même s'endormir, accoudé sur une table ou appuyé contre un mur.

Tandis que nous approchions du commissariat, un groupe d'une quarantaine d'hommes en civil sortait de sa porte. En tête marchait un homme âgé d'une trentaine d'années, trapu et assez gros, à la

figure énergique et intelligente. C'était
M. Véron, un des meilleurs commissaires
de Paris. Il y a quelques années, pendant
un incendie qui s'était déclaré dans son
quartier, ce gros bonhomme, sans perdre
son sang-froid, entrait dans une maison
envahie par les flammes et sauvait trois
femmes. Pour cet acte de courage on lui
décerna une médaille.... Ce qui ne l'em-
pêcha nullement, quelques mois après, de
précipiter d'un troisième un homme qui
l'avait offensé. Il lui fut infligé un mois
de prison militaire. Il se fâcha et donna sa
démission qui ne fut point acceptée.

A côté de moi marchait en boitant un
petit vieux, coiffé d'un chapeau râpé ; il
grelottait de froid en son pardessus d'été.
C'était un fin limier de police très connu
et amoureux de son métier. Il y avait dix-
huit mois environ qu'il avait découvert
une bande d'assassins, à Neuilly. Heureux
de sa découverte, il courut chez le commissaire, demandant qu'on le suivît immédiatement, car les malfaiteurs pouvaient
prendre la fuite. On cerna la bande,
mais les assassins firent feu et le vieux
limier reçut deux balles dans les jambes.
Il passa quelques mois à l'hôpital en dan-

ger de mort. Mais il se rétablit et maintenant, quoique faible encore, il trottine en boitant, jour et nuit, dans Paris, excité par sa passion de chasseur.

Les agents de police, se partageant par groupes de deux ou trois hommes, nous suivaient de loin.

— Pourquoi avez-vous pris tant de monde, demandai-je à M. Véron ; est-ce si dangereux ?

— Pour être dangereux, oui, c'est dangereux ; mais ce n'est pas pour nous défendre que ces agents sont là : quelques-uns suffiraient, seulement les limiers sont utiles parce qu'ils connaissent parfaitement cette classe de criminels.

Nous traversâmes les Halles et nous nous engageâmes dans une étroite ruelle où deux voitures n'auraient pu passer de front. Un morne silence y régnait que seul troublait le bruit sonore de nos pas. Les becs de gaz s'échelonnaient à grande distance l'un de l'autre, et leur faible lueur éclairait mal dans cette obscurité profonde. Au loin, au tournant de la ruelle, on apercevait une petite étoile rouge : c'était la lanterne accrochée à la porte d'un cabaret. Le commissaire s'arrêta.

— Tout le monde est là ?

— Tout le monde, monsieur le commissaire.

— Les agents sont-ils présents ?

— Présents ! répondirent plusieurs voix.

— En avant !

Ensuite il ordonna de cerner la porte et de ne laisser sortir personne.

Nous avançâmes au pas accéléré vers le cabaret. Avant d'y entrer, nous jetâmes un coup d'œil par la fenêtre. La salle était longue et étroite. La buvette était près de la porte ; le long des murs, des tables et des tabourets se pressaient, serrés les uns contre les autres, laissant entre eux à peine le passage nécessaire. Toutes les places étaient occupées par une foule de consommateurs variés. On y voyait des blouses bleues, courtes, de paysans de la banlieue, des blouses bleues, descendant aux genoux, de marchands de poissons, des blouses blanches de maçons, les énormes chapeaux de feutre des forts de la Halle, les casquettes de soie des souteneurs et les costumes râpés de gens dont il était difficile de définir l'état civil.

Devant le comptoir, le cabaretier causait d'un air aimable avec un jeune voyou ; il avait versé un petit verre d'eau-de-vie qu'il couvrait de sa main et tendait son autre main vers son interlocuteur pour recevoir l'argent. À son tour, le client lui tendait d'une main un gros sou et avançait l'autre pour prendre le petit verre. M. Véron déboutonna son pardessus et ouvrit la porte. En voyant la ceinture tricolore du commissaire, la foule demeura pétrifiée. Les verres portés à la bouche restèrent à mi-chemin, tout le monde se tourna vers la porte, l'air étonné. Chez les uns, la curiosité se mêlait à l'étonnement; d'autres devinrent tout pâles.

— Je suis le commissaire du quartier; j'ai l'ordre du préfet de visiter votre établissement. Voulez-vous en prendre connaissance? dit M. Véron en s'adressant au cabaretier.

— Non, c'est pas la peine, fit celui-ci d'un air ennuyé.

— Qui êtes-vous? s'adressa le commissaire à un guenilleux.

Ce dernier dit son nom.

— Quel métier avez-vous?

— Je suis cordonnier.

— Faites voir vos mains. Vous n'êtes pas cordonnier. Où demeurez-vous?

— A Chantilly.

— Ah ! vous demeurez à Chantilly et vous passez la nuit ici... Arrêtez-le.

— Je m'en moque pas mal ! C'est pas la première fois.... J'irai tout seul, moi.....

Un interrogatoire détaillé des clients commença. Bien qu'il n'existe point de passeport en France la plupart d'entre eux pouvaient présenter quelques papiers certifiant leur identité. L'un avait un livret d'ouvrier, un autre une carte d'électeur, un troisième un certificat ou une lettre adressée à son nom. Qui n'avait pas de papiers certifiant son identité, sortait son acte de naissance auquel on n'attachait d'ailleurs aucune importance, et si le porteur n'avait pas des marques de travail visibles sur les mains, on l'arrêtait sur le champ.

— Monsieur le commissaire, dit tout bas un inspecteur, vous en avez oublié un ; il porte des gants.

— Ah ! vous portez des gants, vous. Que faites-vous ici ?

Le commissaire jette un regard pénétrant au malheureux dandy.

C'est un homme à l'air doux, d'une cinquantaine d'années, vêtu d'une cras-

seuse redingote noire, coiffé d'un chapeau
de haute forme, roussi et éraillé, et sans
aucune trace de linge. Devant lui, une
bouteille et un verre de vin à moitié plein.
Confondu par la question du commissaire il retira d'une main tremblante son
gant déchiré d'où sortait une main blanche et soignée.

— Avez-vous des papiers sur vous?
Quel est votre nom?

— Joffroy, monsieur, je m'appelle Joffroy et je suis un honnête homme, je suis
honnête... voilà. Il se dépêcha de retirer
de sa poche un joli portefeuille en cuir
jaune verni et le déplia devant nous.
Différents papiers s'y trouvaient rangés
avec précaution, entre autres une carte
d'électeur.

— Quel homme louche! remarque le
secrétaire du commissaire.

— Oui, mais il est électeur. Laissez-le.

— Patron, avez-vous encore une autre
salle?

Le patron sembla hésiter pendant quelque temps ; puis, il répondit, les dents
serrées :

— Oui, par-là!

Il indiquait un trou noir, au fond du

cabaret ; ce trou est tellement étroit qu'un homme n'y passe qu'avec peine et en se courbant.

— Allumez le gaz là-bas et marchez devant nous !

Nous descendons, à la file, un petit escalier branlant et nous nous trouvons dans un long souterrain ; puis nous descendons encore un escalier conduisant dans un autre souterrain, où l'on voit plusieurs petites portes, sur l'une desquelles il est écrit : « Qui a été ici une fois, y viendra encore : il y fait si bon ! » Au bout de cet autre couloir, à droite, se trouve une pièce très grande, mais étroite, où nous trouvâmes, en entrant, une quinzaine d'hommes et de femmes attablés et choquant leurs verres. Presque tous ces hommes avaient des signes remarquablement particuliers : l'un avait un bras amputé, à l'autre il manquait une jambe, d'autres encore avaient les yeux et la figure marqués de cicatrices.

A droite, près de la porte, était assis un jeune garçon qui avait un œil crevé ; de mine astucieuse, il était en train de faire l'aimable avec une belle. A mon grand étonnement, cette fille était assez jolie et proprement mise.

— Que faites-vous ici ?

— Moi, monsieur le commissaire ? Mais j'y suis avec mon mari, répondit-elle d'un ton tout à fait naturel, en désignant avec un sourire naïf le gaillard à l'œil crevé. Celui-ci se lève à son tour, et très poliment, mettant sa main gauche sur son cœur :

— Ah ! mais, pardon, madame, je ne vous connais pas.

— Arrêtez-la.

La fille se lève et toujours souriante, suivie d'un agent, se perd dans la foule.

— Et vous, qu'est-ce que vous faites-là ?

— Moi, monsieur le commissaire ? Mais rien !... je suis venu me distraire, après avoir travaillé toute la journée.

— Où demeurez-vous ?

— A la Villette ; je suis cordonnier.

— Ah ! vous demeurez à la Villette ! Venez. Vous êtes autant cordonnier que moi...

De ce cabaret nous allâmes dans un autre. En une heure, une cinquantaine de personnes furent arrêtées.

Nous avions déjà l'intention de nous

en retourner, lorsqu'en passant près d'un cabaret, un des agents s'adressa à M. Véron :

— Monsieur le commissaire, voilà Montenois et Aztèque, tous les deux sont des malfaiteurs dangereux. Si vous voulez, nous pouvons les prendre.

Montenois et Aztèque, — vrais types de souteneurs, tous deux jeunes, aux figures défaites par les débauches et les nuits blanches, — étaient devant le comptoir en train de boire. L'un d'eux regarda par la fenêtre, poussa l'autre, et tous les deux passèrent lentement, et sans se retourner, au fond de la salle.

— Où sont les deux gars, qui causaient avec vous tout à l'heure ? demanda le commissaire au patron.

— Je ne sais pas ; ils sont sortis probablement.

— Non, ils ne sont pas sortis.

— Alors, ils doivent être en haut.

Plusieurs agents montèrent mais ne trouvèrent personne ; d'autres se dépêchèrent de monter par un autre escalier. Montenois et Aztèque avaient disparu comme par enchantement.

— Où donc peuvent-ils être ? demandai-je au commissaire.

— Ils sont dans la chambre du patron, mais je ne puis entrer dans son appartement privé sans un ordre spécial de l'autorité judiciaire.

— Et qu'allez-vous faire de tous vos prisonniers ?

— Je vais les soumettre à un interrogatoire. Une dizaine d'entre eux sont connus des inspecteurs comme des voleurs et des souteneurs : ceux-ci seront écroués demain matin au Dépôt ; de même que tous ceux qui n'ont pas de métier avéré, ni de domicile fixe. Tous les autres seront relâchés. Il arrive parfois qu'un cambrioleur de petite espèce ou un vagabond dénonce les grands malfaiteurs pour avoir sa liberté. C'est là le grand avantage de pareilles rafles.

III

LES REPAIRES DE PARIS

Le plan de Paris peut être divisé en quartiers selon les professions que l'on exerce dans chacun et l'on pourrait indiquer, presque avec exactitude, la nature de leurs populations respectives. Ici habitent les écrivains qui ont leur renommée faite et qui jouissent, par conséquent, d'un certain bien-être ; là demeurent les journalistes de la presse française ou les journalistes étrangers ; par ici, c'est le quartier de la vieille aristocratie, par-là, celui de la bourgeoisie fortunée ; et voici le quartier habité de préférence par les riches étrangers, etc., etc.

L'aristocratie du crime, elle aussi, a son

quartier favori et sa zone familière à laquelle elle reste toujours fidèle. Mais, chose étrange, ces quartiers des criminels se trouvent situés, sur la rive droite, au quartier même de la Roquette, au centre duquel s'élève la prison des condamnés à mort et où ils sont même exécutés, et, sur la rive gauche, aux environs du Palais de justice. A Paris, il existe beaucoup de quartiers dangereux où aucun parisien n'osera s'aventurer, non seulement la nuit, mais même le soir. Toutefois les quartiers les plus dangereux sont ceux que je viens de citer.

Il semblerait que le criminel devrait fuir avec effroi ces endroits où tôt ou tard sa vie accidentée prendra fin sous le couteau de Deibler ou trouvera sa conclucclusion dans une condamnation signée par un juge en robe rouge ; et cependant il vient faire son nid sous le toit même de ces monumeuts redoutables... Le quartier où nous nous rendons maintenant est un des plus originaux de Paris ; il constitue une petite ville dans la grande, un repaire de bêtes fauves au centre de la capitale du monde. A deux pas se trouvent le boulevard St-Michel et le boulevard St-Germain, tous les deux tumultueux et éclairés d'une vive lumière, où se pressent de joyeux groupes de jeunes gens : là c'est un va-et-vient continuel de fiacres qui passent à une allure rapide, de lourds omnibus et de tramways allant et venant dans tous les sens. Mais tournez dans une de ces étroites ruelles, plus près de la Seine, et vous croirez être tombé dans un gouffre de misère et de puanteur. Des rues étroites, resserrées entre de hautes murailles, offrent un aspect sordide et sombre ; au début les becs de gaz subsistent encore, mais plus vous vous enfoncez dans le quartier, plus ils se font rares ; l'air devient plus empesté ; un morne silence où l'on se sent frissonner règne autour de vous. Ici, vous ne rencontrez ni agents ni passants ; mais à votre approche des silhouettes obscures se détachent des murs comme des cafards blottis dans les fentes et commencent à se remuer çà et là avec quelque inquiétude. C'est que vous avez dérangé des couples de souteneurs accompagnés de leurs « marmites » ; le souteneur disparaît quelque part, sous une porte, tandis que sa belle, de son pas déhanché et avec son allure dandinée. vous accoste.

— Veux-tu venir avec moi, mon petit chat? glisse tout près de votre oreille une voix enrouée.

A la faible lueur du bec de gaz, vous pouvez alors distinguer une figure flasque aux yeux ternes, tandis qu'une main molle et visqueuse s'accroche à votre bras.

Dans ce cas il faut tâcher de se débarrasser de la prostituée avec prudence et d'une manière aussi aimable que possible et de continuer son chemin. Le souteneur guette, il est à deux pas de vous, et son couteau est prêt à toute éventualité. Il peut, si bon lui semble, vous le plonger dans le dos et disparaître en un clin d'œil. La chose arrive presque journellement.

— Nous voici chez le père Lunette, dit Méténier, s'arrêtant à l'entrée d'une impasse.

Nous étions dans une ruelle étroite et sombre au fond de laquelle, semblable à un feu follet, scintillait une lanterne ovale sur le verre de laquelle était dessinée une grande paire de lunettes. C'est dans ce cabaret que se tient le club des mendiants et des bandits parisiens, et cette rue, c'est la rue Galande.

La petite porte et la fenêtre unique sont

pourvues de forts barreaux de fer. A peine
avions-nous franchi le seuil qu'une atmosphère lourde, pleine d'odeurs d'alcool, de
sueur et de tabac, nous saisit à la gorge.

Nous nous trouvions dans une pièce
excessivement étroite. Du côté droit, contre le mur, s'élevait un comptoir recou-
vert de zinc et garni d'un assortiment de
bouteilles et de verres.

Là, nous aperçûmes un homme âgé,
d'encolure énorme et aux bras musculeux que les manches retroussées lais-
saient découverts. C'était le patron en
personne, le célèbre « père Lunette » qui,
des dizaines de fois, a été décrit dans les
romans, par les écrivains français et plus
de cent fois cité dans les journaux. Sa
figure, d'expression énergique et d'aspect
militaire, est toute sillonnée de cicatrices
et de balafres. Le père Lunette a gagné
toutes ses marques dans les combats avec
ses clients. Quand le bruit d'une dispute
se fait entendre dans la pièce voisine, le
père Lunette décroche du mur un énorme
fouet et, se jetant au milieu des tapa-
geurs, se met à distribuer des coups à
droite et à gauche. Ce moyen, ordinairement, est très efficace ; quelquefois pour-

tant, il arrive que les parties oubliant leurs
rancunes réciproques, se ruent d'un commun accord sur le patron Goliath : alors
bouteilles, verres, tabourets grêlent sur sa
tête ; des couteaux s'enfoncent dans sa
chair, des cannes cinglent sa peau, le sang
jaillit comme d'un bœuf ; mais, le lendemain, le voilà de nouveau à son poste, au
comptoir. La saignée, paraît-il, ne lui fait
que du bien. Du reste, pour les cas de
force majeure, il a toujours sur lui un
bull-dog qu'il nous montra avec toute la
complaisance dont il fait profession vis-à-
vis des représentants de la presse. Le
père Lunette est un malin, un homme
civilisé et au courant ; il s'intéresse à la
politique et lit les journaux. D'ailleurs,
comme vous le verrez tout-à-l'heure, ses
clients non plus ne sont étrangers ni à
l'une ni aux autres.

Nous passâmes dans la pièce voisine.
Petite, carrée, encombrée de tables, de
chaises et de bancs, placés en long et en
large, et entre lesquels fourmillaient des
voyous de toute nature, cette pièce était
tout entière ornée de peintures murales.
Une foule de souteneurs, aux visages pâles,
des chiffonniers hérissés, des ouvriers

ivres, d'autres ivrognes encore, en tabliers
et en vestons sales, faisaient tinter les
bouteilles et les verres, recevant d'une
main la consommation et payant de
l'autre. Des femmes avinées, de tous les
âges, depuis quinze ans jusqu'à soixante,
allaient et venaient entre les tables,
quémandant une régalade ; quelques-unes,
assises sur les genoux des convives, riaient
d'un rire bestial ; d'autres se chamail-
laient entre elles ou avec le public, en
poussant des jurons de charretiers em-
bourbés. A notre entrée, tout ce monde
nous regarda avec curiosité, mais à la vue
de Méténier et des deux agents de police
qui l'accompagnaient, chacun se tut tout à
coup et se fit tout petit. Evidemment,
on s'attendait à des arrestations. Nous
nous assîmes tranquillement devant une
table en demandant « une prune » ; c'est
la consommation favorite des clients de
l'endroit ; un petit verre en coûte deux
sous ! Rassurée sur nos intentions visiblement pacifiques, la foule se remit de
nouveau à boire dans le même brouhaha
de verres et de causeries.

Quelques-uns s'approchaient même de
Méténier et lui serraient respectueusement

la main. A peine éloignés, celui-ci nous en faisait l'analyse et nous contait leur biographie.

— Pourquoi ne t'a-t-on pas vu depuis si longtemps? demanda Méténier à un garçon, un athlète orné de moustaches énormes et complètement aphone.

— J'étais malade, Monsieur.

— Qu'avais-tu donc?

— L'alcoolisme, répond celui-ci avec autant de simplicité que s'il parlait d'une fièvre ou d'un mal de tête. Et, derrière lui, Méténier fit cette remarque :

— Un très gentil garçon, un maquereau, certainement, mais un homme comme il faut.

Un autre, à la question s'il se ferait bientôt prendre, répond avec bonhomie :

— Quand vous voudrez me pincer, vous me trouverez toujours prêt. Mais on ne me retiendra pas longtemps : j'turbine, mais j'ne bute pas, vrai !

A peine étions-nous assis, que les piteuses belles du père Lunette se dirigèrent vers nous et, d'une voix qu'elles cherchaient à rendre aussi séduisante que possible, nous demandèrent de les régaler.

— Voulez-vous me payer une prune,
Monsieur ?

— Mais comment donc, certainement!

L'une de ces malheureuses, une vieille
de soixante ans, après avoir bu un petit
verre, entama la louange de « Monsieur
Oscar ».

— Vous savez, c'est lui qui m'a mise
sur le *Figaro!*... C'est très aimable de
votre part, Monsieur Oscar. Mais ce n'est
pas exact du tout ce que vous disiez de
moi, qu'on m'aurait déportée (c'est-à-dire,
qu'on l'aurait mise à la porte pour cause de
tapage). Oh! pardon! Demandez au père
Lunette, voilà trente ans que je suis en
carte, et jamais je n'ai fait de tapage ni de
scandale!

Il fallait voir avec quelle fierté cela
était dit!

— Mais vous êtes très aimable tout de
même, continuait-elle d'un air satisfait;
un jour on me dit : « Tu sais, Sarah,
M. Oscar ta mise sur le *Figaro* »; je suis
allée aussitôt acheter le *Figaro*, et je l'ai
encore!...

Un homme, d'un aspect original, interrompit le bavardage de la vieille. On ne
lui aurait pas donné plus de trente ans,

mais il avait les cheveux tout gris. Les
traits de son visage étaient excessivement
fins et réguliers, ses yeux noirs brillaient
dans leurs orbites, comme deux petits
charbons ardents, et ses vêtements quoique pauvres étaient propres.

— Voulez-vous, Messieurs, que je vous
chante des couplets explicatifs des tableaux
qui sont peints sur ces murs?

— Chantez! chantez! répondîmes-nous.

Ce drôle d'homme prit aussitôt un air de
dignité, toussota et commença à chanter
d'une voix de baryton cassée, désignant du
doigt l'un des coins de la pièce. Une femme
nue y était représentée; devant elle, dans
des nuages, se profilait un maquereau, et
derrière, dans des nuages également, une
énorme tête de Gambetta. Le sujet de la
chanson est trop scabreux pour être redit.
Plusieurs couplets blasphématoires sui-
virent cette chanson, puis, s'adressant à
l'image d'une vieille prostituée, le poète
commença à déclamer d'une voix passion-
née, où perçaient des sanglots, l'histoire
de la chute d'Annette, la belle blonde.

Un orage de bravos, poussés par les
voleurs, les brigands et les prostituées,
acclama le poète lorsqu'il eut terminé.

Il nous tendit son chapeau, nous y jetâmes quelques pièces blanches. Puis, il chanta de nouveau. Cette fois, il chanta l'apologie des parisiennes, une petite et gracieuse poésie qui ne serait pas déplacée dans les meilleurs salons de Paris.

— C'est lui qui en est l'auteur, me dit tout bas Méténier.

— Ce n'est pas possible, m'écriai-je.

— Il a des poésies encore meilleures que celle-là. Mon cher poète, votre « Parisienne » est-elle imprimée ?

— Mais depuis longtemps !

— Où cela ?

Le poète cita les noms de quelques petits journaux ; puis, en s'approchant de nous, il dit à voix basse :

— Si vous le voulez bien, Messieurs, je vais vous en réciter une, mais à vous seuls, car les autres n'y comprendraient rien, une poésie dédiée à la femme qui m'a mené jusqu'à l'hôpital des fous.

— Vous avez été interné à l'asile Saint-Anne ? lui demandai-je.

— J'en suis sorti à la fin du mois de janvier.

Le poète de cabaret, appuyant alors ses deux mains contre le bord de la table,

commença à nous réciter à voix basse sa
poésie. C'était l'éternelle et vieille histoire
de la femme aimée qui, froidement et
cruellement, l'avait trompé. L'auteur
faisait un tableau touchant des beaux
jours du bonheur passé « à deux », parlait du « doux fruit de nos amours », d'un
bébé rose, d'ardentes étreintes et de baisers. Son premier couplet finissait par
cette phrase qui revenait en refrain :
« Nous ne savions pas ce que nous fai-
sions ». Ensuite venait la trahison, d'abord
dissimulée, mais lui, le poète, avait par-
donné. « Elle ne savait pas ce qu'elle faisait ». Puis, une fois, la nuit, « il rentrait
dans son nid » il le trouvait vide ; la femme
aimée s'était enfuie, il pleurait, l'accusait,
la maudissait, grinçait des dents, et la
poésie se terminait par une invocation à
son adresse où il lui demandait « de lui
pardonner aussi, parce qu'il ne savait pas
ce qu'il faisait ».

Il était plus de minuit, quand nous
quittâmes l'assommoir du père Lunette.
Méténier ne voulait pas nous laisser partir sans avoir visité le « Château Rouge »,
caverne encore plus célèbre. De nouveau
c'était les ruelles étroites et sordides, des

maquereaux et des filles sur les trottoirs,
des becs de gaz échelonnés à grande distance les uns des autres, et l'absence com-
plète d'agents de police. Le Château
Rouge est un château en effet. Autrefois il
fut habité par une maîtresse de Louis XIV.
Après la Révolution, le château fut à moitié
démoli et resta longtemps inoccupé jusqu'au jour où son propriétaire actuel le
loua à un cabaretier. Son vaste portail,
devant lequel descendaient jadis des seigneurs poudrés, en habits chamarrés et
en bas de soie, est à présent badigeonné
de cette couleur de sang dont est peinte la
guillotine. Les vastes salons où une cour
brillante, avec son roi en tête, dansait des
menuets, ressemblent maintenant à de
sombres et humides hangars. Le public
est encore plus sale, encore plus affreux
que celui que nous avons vu chez le père
Lunette : ici se tiennent des mendiants,
des chiffonniers et des voyous du plus
bas étage, ils boivent de l'eau-de-vie, du
vitriol, et en régalent leurs concubines
(épouses de la main gauche, de celle qui
est le plus près du cœur). De nouveau,
nous prenons place près d'une table
longue, nous demandons une prune et

nous commençons à regarder autour de nous.

— Nous sommes assis à la même place, remarque Méténier, où a été arrêtée la bande Gamahut, l'assassin d'une rentière ; deux de ces bandits, dont Gamahut, furent exécutés. Quand nous pénétrâmes dans cette salle, avec les agents, Gamahut buvait devant le comptoir. Voyant ses amis ligotés, il paya en toute hâte et disparut. Il ne fut arrêté que huit jours après... Regardez par-là. Voyez-vous ce gaillard, au nez camus, qui me mange des yeux. Il n'a que dix-huit ans et cependant il a déjà été jugé pour une tentative de parricide ; il vient de sortir de la prison où je l'ai fait fourrer pour deux mois pour vol avec effraction. Il finira sur la guillotine. Il me hait et, sûrement, il éprouverait le plus grand plaisir à me plonger le couteau dans la gorge.

— Messieurs, désirez-vous que je fasse vos portraits? Cinq sous le portrait seulement, fit un homme déguenillé, en s'adressant à nous et en nous tendant des feuilles de papier gris, couvertes d'ébauches au fusain assez réussies.

Nous le remerciâmes ; l'heure était déjà

bien avancée et nous avions encore plusieurs chanteurs à entendre.

De ces derniers, je ne mentionnerai
qu'un dont le type nous frappa. Par son
extérieur il avait l'air d'un gamin de dix-
huit ans, modeste, aux grands yeux doux
et à la figure basanée, d'un bel ovale.
Déguenillé au possible, coiffé d'un chapeau rond, crasseux et déformé, vêtu d'un
veston fait pour une autre taille que la
sienne, il paraissait ne pas avoir de linge,
et son cou nu était entouré d'un foulard
sale.

— Dites donc, chantez-nous « la Bastille », lui dit Méténier.

— Oui, Monsieur, répond celui-ci d'une
voix de ténor agréable.

Mais le brouhaha était tel que l'on
n'entendait rien.

Le chanteur interrompit plusieurs fois
sa chanson, demandant qu'on fît silence.
Enfin il perdit patience.

— Messieurs, laissez donc un artiste
gagner son pain, voyons! s'écria-t-il avec
indignation.

Le bruit s'étant un peu calmé, ce garçon commença à nous chanter une chanson étonnante. C'était toute la poésie

sinistre de la vie des souteneurs, une idylle d'un maquereau avec une Marguerite de trottoir. L'homme qui a composé cette chanson, le chanteur qui la chantait et le public qui l'écoutait, étaient sans doute convaincus qu'ils étaient les plus honnêtes gens du monde, que leur douleur doit être touchante, qu'ils gagnent honnêtement leur pain. Ecoutez de quoi il s'agissait :

Il l'a rencontrée à la place de la Bastille. C'était une jolie blonde aux yeux bleus ; ils sont tout de suite devenus amoureux l'un de l'autre. Mais comme ils étaient pauvres, pour vivre, elle « se promenait sur le trottoir » et amenait des hôtes, et, lui, il la défendait dans la rue et chez lui faisait leur lit. Ils vivaient de cette façon très unis. Chaque soir il lui prenait l'argent qu'elle avait gagné et le dépensait à boire, avec ses amis, au cabaret « à la Bastille, à la Bastille » (c'est par ce refrain que finit chaque couplet). Ils se querellaient parfois, quand elle ne lui apportait rien, mais ils faisaient bientôt la paix.

Un jour, elle revient les mains vides ; pas de feu au logis, pas de pain ; il avait faim, il se fâche et la bat à tour de bras. Alors elle se sauve, monte sur la colonne de Juillet et se jette dans le vide.

Voilà comment elle s'est donné la mort « à la Bastille, à la Bastille! » La chose est chantée avec beaucoup de sentiment, sur un ton plaintif, et produit à ce qu'il paraît une grande impression sur le public. Pour atténuer cette impression pénible, l'auteur a recours, à l'instar des dramaturges français, au truc suivant, qui consiste à placer à la fin un couplet comique et d'ailleurs absurde. « La morale de cette chanson, dit l'auteur, est celle-ci : il faut toujours obéir à ses parents! »

IV

CONSTAT DU FLAGRANT DÉLIT D'ADULTÈRE

— Et en ce qui concerne ces gens-là, comment s'appellent-ils? Vous savez bien, ces adultères? Avez-vous pris des renseignements? Vous savez, quand je me charge d'une affaire, que je n'aime pas à être joué...

— Mais certainement, Monsieur le Commissaire ; voici deux jours que je les file. L'une des deux femmes en question, (l'homme qui parlait retira de sa poche un papier qu'il consultait à mesure qu'il continuait à parler), l'une des deux femmes, Adèle Paradou, 35 ans, rue X..., vit avec le cordonnier Y..., 35 ans; ils n'ont qu'une chambre. Ils se couchent à dix heures, mènent une vie régulière; impossible de les manquer.

— Un cordonnier? Donc un ivrogne. Sûrement il est encore à minuit chez les marchands de vin.

— Pardon, Monsieur le commissaire...

— C'est bien, continuez. Et l'autre?

— L'autre, Marie Ferron, 30 ans, reste toujours chez elle, s'occupe du ménage et vit dans le logement du cocher. Celui-là aussi rentre à dix heures car à cinq heures du matin il sort déjà pour travailler.

— Sont-elles jolies?

— Je n'ai pas vu la femme Paradou, mais la femme Ferron est jolie et bien mise. Elle porte constamment une toilette de cachemire noire.

— Très bien, à dix heures je serai ici. Faites venir le mari et donnez ordre que quatre agents se tiennent à votre disposition à l'heure dite. Nous commencerons par le cordonnier. Les actes sont-ils prêts?

— Tout est prêt et toutes les dispositions sont prises, fit le secrétaire en train de se chauffer devant la cheminée.

L'inspecteur, un gars d'aspect grassouillet et bien nourri, vêtu d'un costume râpé, un foulard de couleur autour du cou, salua et sortit.

Alors le commissaire, en s'adressant à son secrétaire et à moi :

— Quelle affaire désagréable, dit-il, mais il faut bien s'y rendre.

Le commissaire et son secrétaire sont grands amis, et une parfaite familiarité règne entre eux. Tous deux sont hommes de lettres. Le commissaire a publié trente-sept volumes qui ont paru chez un éditeur parisien des plus connus; de plus, il est excellent musicien, ami intime de plusieurs compositeurs célèbres et reçu dans les meilleurs salons de Paris.

— Dites-donc, proposa le secrétaire, prenons-le (c'est de moi qu'il s'agissait), avec nous; qu'il s'assure de ses propres yeux que nous ne mangeons pas les gens comme eux, les Russes, mangent les chandelles.

J'acceptai. A dix heures précises, j'étais de nouveau au bureau du commissaire. Mais l'expédition ne put avoir lieu à l'heure fixée. Le bureau regorgeait d'agents et de malheureux. Il y avait là une femme en haillons, portant un petit enfant. Son pro-

priétaire l'avait expulsée et elle ne savait
où aller.

— Votre propriétaire assure qu'on vous
a vu de l'argent hier.

— Oui, c'est ça, on a vu ! répliqua la
femme d'un ton agressif, et ses petits yeux
étincelèrent. Si j'avais eu de l'argent, j'aurais acheté du pain pour mes moutards et
du raisin pour mon homme qui est à
l'hôpital avec une congestion pulmonaire.
Ils ont vu ! répéta-t-elle avec indignation.

Il y avait encore deux femmes qui s'é-
taient disputées on ne savait plus pourquoi
et qui, maintenant, se regardaient d'un
air surpris.

A peine s'était-on débarrassé de tout ce
monde, qu'une concierge accourut, annon-
çant qu'un de ses locataires, qui habitait
un grenier, hiver comme été, venait de se
tuer en tombant d. l'échelle. Le commissaire envoya son secrétaire constater le
cas de « mort subite » et me proposa d'entrer en attendant dans un café voisin. Il se
mit au piano et joua l'un après l'autre,
du Gounod, du Mozart, du Beethoven, du
Chopin ; il les savait tous par cœur et
jouait avec beaucoup de sentiment, en
s'animant de plus en plus. La cigarette

qu'il tenait entre ses dents pétillait. Les étincelles et les cendres tombaient sur sa barbe, mais il ne s'en apercevait pas. De l'expédition projetée, pas un mot. Une fois seulement il fit cette remarque avec ennui :

—- Une soirée perdue... Et moi qui comptais être libre aujourd'hui !

Le secrétaire revint seulement vers onze heures. Nous nous levâmes et nous sortîmes. Deux inspecteurs et un individu malingre, en blouse blanche, — c'était Ferron, le mari, c'est-à-dire le mari de cette femme qui vivait avec le cocher — et enfin le commis du commissaire, nous attendaient dans la rue. Les agents partirent en avant ; ils devaient nous attendre devant la porte.

Chemin faisant, un des inspecteurs (celui que nous avons déjà vu) s'approcha du secrétaire.

— C'est que la femme Paradou a un enfant... Qu'est-ce que nous en ferons? demanda-t-il, tourmenté par un remords évident.

— Ah ! bah ! Tant pis ! On le mettra chez le concierge, répondit le secrétaire, en affectant un ton dégagé.

— Oui, mais il y aura des larmes, des cris...

— Ça ne nous regarde pas.

Nous nous engageâmes dans une ruelle étroite.

— C'est ici, fit l'agent, s'arrêtant devant le trou noir et béant de la porte.

Sur le trottoir, deux agents se promenaient tranquillement. A la vue du commissaire ils firent le salut militaire.

Nous entrâmes dans un couloir. Au fond, dans la loge de la concierge, on voyait de la lumière; on nous attendait.

La concierge, une femme grande et maniérée, en bonnet blanc, nous accueillit avec toutes sortes d'airs pudiques. Elle paraissait honteuse qu'un pareil dévergondage se passât dans sa maison. Toute sa personne exprimait un dédain glacial lorsque, répondant à voix basse aux brèves questions du commissaire, elle donnait les renseignements demandés sur ces gens-là.

— Oui, ils sont rentrés à huit heures et ils sont sûrement au lit à l'heure qu'il est. Ils n'occupent qu'une seule pièce.

— A quel nom ?

— Au nom de tous deux, souligna-t-elle.

Des bougies étaient préparées sur la
cheminée ; elle les alluma et les donna aux
inspecteurs, puis elle prit une lampe et,
passant devant nous, nous précéda dans
l'escalier. Nous la suivîmes à la queue-
leu-leu, amortissant le bruit de nos pas.
On n'aurait pas été obligé de prendre de
plus grandes précautions s'il se fût agi
d'arrêter un assassin redoutable. Au premier, au fond du couloir, le cortège s'arrêta
devant une petite porte jaune. Le commissaire frappa.

— Qui est là ? demanda une voix
d'homme effrayée.

— Ouvrez ! fit le commissaire.

La porte s'ouvrit. Un chandelier de fer
était placé sur la table de nuit et, à la
faible lueur d'une mince bougie, nous
aperçûmes au milieu de la pièce « le com-
plice » du délit. Pieds nus, en pantalon
de toile bleue et en chemise, il était très
pâle. A gauche, dans un lit, tout enve-
loppé dans la couverture, s'agitait comme
dans une crise de nerfs le maigre corps
de la délinquante. La pièce, plongée dans
une demi-obscurité, présentait l'aspect de
la misère noire. Dans un coin, près de la
fenêtre, une petite table basse sur laquelle

se trouvait une boîte avec des outils de cordonnier. Quelques haillons étaient accrochés au mur ; deux chaises, un tout petit poêle près de la cheminée, une commode constituaient tout l'ameublement et toute la fortune de ces malheureux.

— Vous êtes X..., cordonnier, vous vivez maritalement avec la femme Paradou ? interrogea le commissaire.

— Oui, nous vivons ensemble, mais nous ne faisons de mal à personne, nous travaillons tous les deux ; c'est la misère qui nous a unis...

— D'ailleurs vous ne pouvez nier : vous n'avez qu'un seul lit.

— Mais nous ne nions pas.

Le cordonnier soupira et fit un geste de désespoir.

— Habillez-vous et suivez-moi ; j'ai ordre de vous arrêter. Voulez-vous voir ?... dit le commissaire, en exhibant l'acte de procédure.

— Non, à quoi bon ? Me voilà bien : j'attrape six mois de prison, tout comme un voleur !

Tout désespéré, le cordonnier baissa la tête.

— Allons donc ! Quelle blague ! Dans

deux jours vous serez libre... Et avec nos lois sur le divorce, pensez-donc !...

— Oh ! oui ! Je sais bien... Six mois. Ah ! quel malheur !

— Eh bien ! comme vous voudrez. Mais c'était bon autrefois.... Levez-vous donc, Madame, et habillez-vous, fit le commissaire en s'adressant à la femme. Mais celle-ci ne répondait pas et son corps s'agitait toujours convulsivement sous la couverture.

— Ce n'est pas la peine de trembler, Madame ; ce n'est pas pour vous étrangler que nous sommes venus, allez ! C'est une simple formalité, voyons ! Habillez-vous ! Hein ?

Je sortis dans le couloir, où se tenaient les agents, les inspecteurs, le commis du commissaire et l'individu malingre, en blouse blanche, qui attendait son tour pour surprendre sa femme avec le cocher. On ne lui permit pas d'entrer dans la chambre. Toutefois, il tendait le cou et, les yeux brillants, il demanda :

— Elle est là !

Mais le commis, d'un geste impérieux, l'écarta :

— Ce n'est pas votre tour.

Une voix de femme retentissait, entre-coupée de sanglots.

— Oh ! je n'irai pas, je n'irai pas avec lui ! J'ai eu avec lui onze enfants et il me battait toujours. Mon fils, qui a dix-huit ans maintenant, me bat aussi. Non, non... Je me jetterai plutôt à l'eau... Il a la mauvaise maladie... C'est horrible de vivre avec un pareil homme.

— C'est bon, c'est bon, disait la voix affable du commissaire. Vous me direz tout cela demain ; j'en prendrai note et cela vous servira à vous justifier. Je fais mon devoir, mais cela ne m'empêche point de vous considérer comme une brave femme. Vous n'êtes pas une voleuse, ni une criminelle. Je sais que vous travaillez.

— Oh ! oui, je travaille. Je me lève avant l'aube, je ne rentre qu'à huit heures, je fais mon dîner, je lessive, je raccommode...

— Vous connaissez X.... depuis long-temps ?

— Depuis mon arrivée à Paris.

— Y a-t-il longtemps que vous êtes ensemble ?

— Il y a un an. Voici, je vais vous le

dire devant lui : c'est un brave homme ; il a du cœur et il ne boit pas. Nous ne nous disputons jamais. Nous vivons ensemble parce que la misère nous a unis et pas pour autre chose.

Elle disait tout cela en courant dans la chambre, pieds nus, mais visiblement calmée. Je rentrai dans la pièce et c'est alors seulement que je vis la figure de la pauvre femme. Elle n'avait que 35 ans, mais elle paraissait en avoir au moins 50. Elle était petite, maigre, toute ridée, et sans dents ; une mince natte de cheveux tombait sur ses épaules osseuses ; l'expression de sa figure était douce et naïve. Elle avait complètement perdu la tête et cherchait de tous les côtés, sans trouver ses bas ni ses souliers, résignée déjà à nous suivre pieds nus.

— N'oubliez-pas votre argent.

— Nous n'en avons pas beaucoup. Monsieur le commissaire. Ah ! mon Dieu, — se rappela-t-elle tout à coup, — on me doit de l'argent pour l'ouvrage. Faut pas qu'il soit perdu !

— Vous n'avez pas d'enfants avec vous ?

— Si, si, j'ai une fillette, répondit la

femme en allant et venant de nouveau à
travers la pièce.

— Où est-elle ?

— Là-bas, fit-elle, en indiquant de la
main un coin de la chambre au milieu de
laquelle elle s'arrêta, en fondant en larmes.

Sur le plancher, dans un panier,
couverte d'un tas de loques, dormait une
petite fillette blonde que personne n'avait
aperçue jusque-là.

— Réveillez-la, vous l'emmenerez avec
vous, dit le commissaire.

La mère s'approcha de l'enfant et se
mit en devoir de la réveiller doucement.

— Nini, Nini !

Sans ouvrir les yeux, l'enfant commença
à pleurer. La mère la prit dans ses bras et
l'embrassa. Puis elle passa un torchon
mouillé sur son minois.

— Nous allons promener, maman ?

— Oui, oui, mon enfant, dit la mère en
essuyant de la main les larmes qui cou-
laient sur ses joues ridées.

— La fillette s'égaya et se mit à nous
regarder amicalement.

— On ira promener tous ensemble ?
demanda-t-elle.

Très mignonne et proprette, elle avait une figure intelligente. Elle se laissa tranquillement habiller, en relevant ses petits bras comme des ailes, à mesure que la mère l'enveloppait dans son châle de laine. Pendant ce temps, le cordonnier s'était habillé ; toujours pâle et la tête baissée il se tenait maintenant au milieu de la chambre, vêtu d'un gilet de tricot et coiffé d'un chapeau melon.

— Monsieur le commissaire, dit-il, j'ai de l'ouvrage au patron. Il faut le livrer demain matin, sans quoi on me prendrait pour un voleur.

— Laissez l'adresse de votre patron, la concierge le lui portera, et après-demain on vous mettra en liberté.

On se mit à descendre l'escalier à la file. Dans le couloir, la femme se précipita tout à coup vers la concierge et lui glissa à voix basse, toute bouleversée :

— Madame, je vous en supplie, ne dites rien à personne... surtout qu'on n'en sache rien à l'atelier. Ça ne regarde personne.

— Certainement, répondit la concierge du haut de sa grandeur, pourquoi voulez-vous que je raconte ?...

— Et puis, s'il vous plait, ne louez pas

la chambre ; peut-être, en effet, nous
mettra-t-on en liberté dans deux ou trois
jours. Au revoir, Madame !

Dans la rue, malgré l'heure avancée de
la nuit, une foule de curieux s'était amassée. Le commissaire donna ordre aux
agents de garder la femme avec l'enfant,
non pas au violon, mais dans la chambre
des agents, près du poêle, et de lui donner
un matelas.

Les prisonniers durent traverser toute
une haie de curieux ; la fillette, dans les
bras de sa mère, tournait sa tête à droite
et à gauche, en souriant.

— Cette enfant fait de bonne heure connaissance avec le poste, remarqua le
commissaire.

Le mari, Paradou, sur la plainte duquel était faite cette constatation du flagrant délit d'adultère, habitait Nancy et
ne se trouvait pas présent. Mais le mari
Ferron était présent, lui, et marchait
maintenant à nos côtés. Le domicile de
l'amant de sa femme se trouvait à deux
pas. Et là, également, la concierge attendait l'arrivée du commissaire. Mais, à la
question de ce dernier, si Y... et la dame
Ferron étaient rentrés, elle répondit qu'ils

étaient sortis ensemble à six heures du soir et n'étaient pas encore rentrés.

— Ils vont venir bientôt ; je les guette, ajouta-t-elle mystérieusement.

Après une courte réflexion, le commissaire ordonna aux agents d'attendre l'arrivée des délinquants et de venir le chercher immédiatement au café voisin. Quant au mari cocu, on lui recommanda de se tenir à l'écart, car, au dire du commissaire, si les affaires de ce genre ratent quelquefois, c'est toujours par la faute des maris qui se trahissent par leur propre hâte.

Au café, devant un bock, le commissaire nous conta quelques cas de flagrant délit d'adultère, constatés par lui auparavant dans l'exercice de ses fonctions.

Un jour, entre autres, lorsqu'il était encore commissaire dans une ville du département de la Seine, se présenta chez lui un jeune et riche cultivateur, muni de l'ordre du juge d'instruction d'opérer le constat. On prit des gendarmes pour escorte et on se mit en marche. C'était en hiver, il faisait un froid humide, et la neige tombait à gros flocons. En s'approchant de la maison où vivait la femme adultère avec son amant, le mari tremblait.

— Restez ici, lui dit le commissaire en voyant son émotion ; on vous appellera quand on aura besoin de vous.

— Non, non, Monsieur le commissaire, j'entrerai avec vous.

Ils entrèrent et trouvèrent le couple en tête-à-tête, un tête-à-tête tout à fait intime.

— Toujours, dans ces cas-là, c'est l'homme qui se trouble, remarqua le commissaire. La femme défend son mâle avec rage.

Cette fois ce fut encore bien la même chose. En chemise, le sein à l'air, les cheveux en désordre, la femme se tenait, impudente, au milieu de la pièce, et avec des yeux pleins de haine et de méchanceté fixés sur son mari, elle commençait à l'injurier.

— Lâche, criait-elle, dénoncer sa femme légitime ! Ils vont m'arrêter maintenant, ils vont me mettre en prison !.. Animal ! Malhonnête !

Le commissaire fut forcé de hausser la voix pour la faire taire. Pour toute réponse le mari, tombé à genoux près du lit, sanglotait en cachant sa figure dans ses mains.

— Vous reconnaissez que c'est bien votre femme ?

— Oui, je le reconnais.

— Retirez-vous alors ; vous n'avez plus rien à faire ici.

Mais le mari continuait à sangloter sans bouger. Tout le reste de la nuit, il le passa assis dans la neige, devant le violon où était enfermée sa femme. Le lendemain, à sept heures du matin, lorsque le commissaire vint à son bureau, le malheureux mari s'y trouvait déjà.

— Oh ! je vous en supplie, Monsieur le commissaire, laissez-moi voir ma femme.

La douleur de cet homme était si sincère et si profonde, que le commissaire n'eut pas le courage de lui refuser ce qu'il demandait.

Quand on ouvrit la porte du cachot, l'épouse infidèle était debout sur son matelas ; elle était toujours en colère, mais la nuit passée en prison, dans une pièce froide, l'avait un peu calmée. En apercevant sa femme, le mari se jeta à ses genoux, couvrant ses mains de baisers et il la suppliait de lui pardonner.

4.

— Vois-tu, dit-il en sanglotant, j'ai été mal conseillé...

— Il est trop tard pour parler de ça, maintenant, remarqua le commissaire ; je suis obligé d'envoyer votre femme et son amant à Versailles. Vous avez le droit de demander le divorce, toutes les circonstances sont en votre faveur.

— Mais je ne veux pas du divorce !

— En ce cas, retirez votre plainte.

— Cela peut se faire ? vraiment ? s'écria le mari tout joyeux. Oh ! que vous êtes bon, Monsieur le commissaire.

— Vous renoncez donc à intenter des poursuites contre votre femme ?

— Certainement, j'y renonce !

Alors voilà la femme qui s'émeut à son tour et se jette dans les bras de son mari.

— Mais, sachez-le, je suis obligé de mettre également en liberté son amant.

— Certainement, certainement !...

Et, quelques instants après, le mari, la femme et l'amant étaient en train de déjeuner ensemble au restaurant voisin, causant entre eux comme des amis.

Il était une heure du matin à peu près lorsque l'inspecteur accourut nous annoncer que le cocher et la femme Ferron si longtemps attendus, venaient de rentrer. Nous quittâmes le café et nous nous dirigeâmes vers la maison. Avant d'y pénétrer, le commissaire s'informa si le mari était présent. Les règlements exigent que le mari reconnaisse sa femme dans la personne de l'inculpée.

— Il y était tout à l'heure, répondit un agent.

On l'envoya chercher, mais il avait disparu.

— La femme Y... est-elle rentrée ? demanda le commissaire à la concierge.

— Je pense que oui, Monsieur le commissaire ; je ne l'ai pas aperçue, mais je crois qu'elle doit être rentrée aussi.

On alluma les bougies et on se mit à gravir l'escalier de la même façon que la première fois avec une allure de cortège solennel. Et, chose étrange, à peine le commissaire avait-il frappé que la porte s'ouvrit aussitôt. Un gars solide, en manches de chemise, se rangea pour nous laisser passer. Après avoir décliné ses qualités et posé les questions d'usage sur l'identité des personnes, le commissaire commença :

— Vous vivez avec la femme Ferron ?..

— Pardon, Monsieur le commissaire, je vis avec mon fils, et je n'ai point de femme chez moi.

— Cependant, d'après nos renseignements...

— Alors, faites !...

Le commissaire et les agents passèrent immédiatement dans la chambre. Sur le lit pour deux personnes était couché un garçon d'environ neuf ans; il ne dormait pas encore.

— Voyons Y..., cette femme doit être là, vous venez de rentrer avec elle en voiture, vous étiez au théâtre...

— Du tout, Monsieur le commissaire, répondit le cocher, en prenant une raideur toute militaire en face du fonctionnaire. Je rentre de ma journée et j'allais me coucher.

— Alors qui fait votre ménage et s'occupe de votre fils en votre absence?

— C'est ma belle-sœur.

— Vous êtes un malin !

— J'ai été agent de police pendant sept ans, Monsieur le commissaire, répondit le cocher avec un sourire malicieux.

— Je comprends, c'est pour cela que vous savez plumer la poule sans la faire crier.

Le cocher souriait toujours.

— Mais, moi aussi, je suis un vieux policier... Ouvrez-moi ce placard-là, ajouta le commissaire en retournant dans la première pièce.

Evidemment son amour-propre était froissé. Le placard était vaste, on pouvait y cacher non seulement une femme mais une demi-douzaine de femmes. On le trouva plein de linge du haut en bas. Le commissaire tendit la main et tira à lui un pantalon de femme.

— C'est à vous cela ou à votre fils? demanda-t-il ironiquement.

Le cocher ne se troubla pas.

— Cela me vient de ma femme qui est morte, répondit-il.

Le commissaire n'y tint plus et se mit à rire. Pendant ce temps, un des inspecteurs qui cherchait sous le lit, et dans tous les coins, la femme adultère de Ferron, apportait triomphalement une robe de cachemire noir, un corsage, un châle, une paire de souliers, etc., etc.

— Et ceci appartient aussi à votre défunte, et se trouve sur le lit, comme ça?

— Certainement; je viens d'emménager aujourd'hui et je n'ai pas eu le temps de ranger tout cela.

Le commissaire et les agents étaient déconcertés. Il fallait se retirer, l'oreille basse.

Mais une fois dans le couloir, réflexion faite, ils retournèrent encore et se mirent à fouiller la maison de fond en comble.

— Laissez donc, ce n'est pas la peine dit joyeusement le cocher. Elle se trouve mieux que moi en ce moment-ci.

— Au revoir alors. Quel gaillard ! Vous êtes réellement un habile homme. Mais c'est parce que vous avez été policier, convenez-en !

— J'ai gardé le meilleur souvenir de mon service, Monsieur le commissaire. Bonne nuit, Messieurs.

V

LE BUREAU ANTHROPOMÉTRIQUE

Un malfaiteur est arrêté : il refuse de dire son nom, ou bien il donne un faux nom. Il est évident que l'on a à faire à un récidiviste. C'est pour un vol sans importance qu'il vient d'être arrêté; pourtant, il y a de fortes présomptions que l'on se trouve en face d'un malfaiteur dangereux, d'un voleur redouté, d'un assassin même. Comment s'y prendre pour le savoir? Faire demander des informations, s'adresser aux prisons de province, soumettre le délinquant à un interrogatoire en règle? Songez combien de temps serait inutilement perdu et combien de dépenses s'ensuivraient. Un malfaiteur de cette

catégorie a tout avantage à cacher son
vrai nom, il préférera faire une année de
prison de plus et mettre au désespoir son
juge d'instruction plutôt que de consentir
à se dénoncer. L'expérience a prouvé que
ce n'est que dans les feuilletons et non
dans la réalité que l'on arrive à reconnaitre les criminels d'après leurs marques
particulières. « Le nez droit, le menton
rond, les yeux gris, pas de signes particuliers », un pareil signalement n'a jamais
aidé jusqu'ici à reconnaitre aucun criminel. Reste alors la photographie. Et l'usage
de la photographie dans la criminalité est
répandu actuellement dans tous les pays
civilisés. Mais bien que ce moyen soit préférable aux autres, il est encore peu pratique. Allez donc tourner et retourner une
centaine de milliers de photographies
toutes les fois que vous vous trouvez dans
l'obligation d'établir l'état-civil de quelque criminel douteux! Dans les grandes
villes, c'est jusqu'à dix et vingt fois par
jour qu'on est obligé de se livrer à cette
opération. Le prévenu a modifié sa coif-
fure, il porte sa barbe ou il l'a fait raser ;
il a maigri, ou bien il a pris de l'embon-
point depuis le dernier jour où il a été

photographié ; aujourd'hui, vous ne le
reconnaîtrez jamais ! En outre, les criminels de profession sont souvent doués
d'un remarquable talent pour modifier
leur extérieur. J'ai maintenant, devant
moi, une collection de photographies de
voleurs, assassins, cambrioleurs, faites à
la Préfecture de Paris et exécutées d'après
les mêmes personnes, à plusieurs reprises,
mais à différentes époques. Les cartes
photographiques portent la date exacte du
jour, du mois et de l'année où elles ont
été faites ; le nom du criminel y est inscrit. Je sais parfaitement que c'est bien là
la même personne, et pourtant chaque
fois que je compare ces photographies je
ne puis croire que ces deux ou trois figures
successives représentent le même individu.
Si la recherche d'un homme était basée
uniquement sur la photographie, on ne
le trouverait jamais.

Or un cambrioleur échappe facilement
aux condamnations à long terme qui nous
en débarrasseraient, s'il arrive à dissimu-
ler son passé.

Pris en flagrant délit il parvient à s'en
tirer par quelques peines légères et même
il arrive qu'on l'acquitte. On sait que les

pickpockets fonctionnent toujours par bande et l'une de leurs règles principales consiste à ne jamais laisser arrêter celui qui a soustrait le porte-monnaie. C'est pourquoi on les prend si rarement en flagrant délit. Au moment où le voleur est arrêté, ses camarades se précipitent pour le délivrer. Il se produit une bagarre, une bousculade, à la faveur de laquelle le voleur principal s'échappe, tandis que quelqu'un de ses compères se laisse prendre. Une fois devant le tribunal, il se défend énergiquement d'avoir commis le délit reproché; on cite des témoins, mais aucun d'eux ne le reconnaît. Et ceux-ci ont dans ce dernier cas une réponse typique : « Il y avait une telle bousculade qu'on ne pouvait rien voir; je crois que ce n'était pas celui-là. » Le résultat voulu est atteint: la conviction du juge est troublée; même avec la certitude de la culpabilité du prévenu, il ne lui inflige qu'une peine minime.

Mais figurez-vous qu'en dépit de tout l'art de se grimer que possède cet artiste d'une nouvelle espèce, en dépit de tous les soins qu'il prend pour cacher son véritable nom, le juge dispose aujourd'hui d'un

moyen prompt et sûr de connaitre la
véritable identité et le passé du prévenu,
qui, non seulement ne réussira point à
tromper la justice, mais endossera d'emblée le maximum de la peine. Cette
méthode, d'une exactitude parfaite, est
effectivement mise en pratique. Grâce à
elle, on est parvenu, entre autres choses,
à décourager les pickpockets londoniens,
devenus depuis peu une vraie plaie de
Paris, et à les faire presque complètement
renoncer aux visites fréquentes qu'ils faisaient dans cette ville. D'un autre côté, les
criminels français cessent de changer et
de cacher leurs noms. Aussi a-t-il été porté
un coup grave et décisif à la récidive dont
souffre la société actuelle. Voyons en quoi
consiste cette méthode. Entrons au Palais
de Justice et, après avoir passé tout un
labyrinthe de couloirs et d'escaliers, arrê-
tons-nous devant une porte portant cette
inscription : « Bureau anthropométrique »
et en dessous : « Le public n'entre pas
ici ». Nous frappons, la porte s'ouvre et
nous pénétrons dans une petite pièce garnie du haut en bas de casiers, munis de
tiroirs portant des chiffres sur leurs étiquettes.

— Monsieur Bertillon, s'il vous plait.

— Il va venir tout de suite, nous répond aimablement l'inspecteur qui nous a ouvert la porte.

Un moment après nous voyons venir à nous un jeune homme de haute taille, très brun, aux beaux yeux noirs, au regard intelligent. C'est M. Bertillon, l'inventeur de la méthode anthropométrique dans la pratique criminaliste, l'organisateur et le premier directeur du bureau anthropométrique. Il est le fils de M. Bertillon, le célèbre statisticien anthropologue, directeur du bureau statistique de la ville de Paris. En travaillant sous la direction de son père, M. Alphonse Bertillon s'est trouvé souvent en relations avec les fonctionnaires de la préfecture de police, et c'est d'eux qu'il apprit combien de travail les criminels arrêtés donnaient à la justice en dissimulant leur état-civil ou en se faisant passer pour d'autres personnes. De là, l'idée de M. Bertillon, anthropologue distingué lui-même, et la conception de cette méthode qui a fait sa gloire et a donné, en très peu de temps, des résultats merveilleux.

— Vous désirez visiter notre bureau,

veuillez entrer, s'il vous plait, dit-il, en nous laissant passer devant.

La pièce où nous entrons nous fait, au premier abord, l'impression d'une de ces salles des bains russes où l'on se déshabille en commun.

Au milieu ronfle un grand poêle de fer; au fond, sur un banc de bois, sont assis des hommes dont les uns sont déshabillés, les autres se déshabillent et les troisièmes se rhabillent. A part, se tient immobile un garde républicain dont la tenue nous rappelle la tenue des gendarmes russes. Trois employés sont installés, en divers coins de la pièce, sur de hautes chaises, derrière des bureaux noirs, et notent, sur des fiches carrées, les chiffres qui leur sont dictés par d'autres employés qui, ceux-là, ressemblent à des tailleurs. En effet, ce sont des tailleurs dans leur genre et leur fonction consiste à prendre des mesures. L'un mesure rapidement, avec un air attentif, et tenant à la main un grand compas courbé, les dimensions du crâne de son client, tandis qu'un autre fait poser le pied gauche de son patient sur un tabouret et mesure ce pied; un troisième prend la hauteur de la taille.

la longueur du médius de la main gauche. la longueur de l'oreille, etc...

A observer tout ce travail, il semble que l'on a affaire à des costumiers capables d'équiper un homme en un clin d'œil, de la tête aux pieds. Mais leur science ne s'arrête pas là. Pendant que le client, en attendant son tour et sans se douter de rien, tout habillé encore, est assis sur un banc, on prend subrepticement sa photographie. J'ai vu le portrait de M. Galkine-Vrassky, qui a été pris pendant sa récente visite à ce bureau, au moment où il causait avec M. Bertillon. Ce portrait est fort bien exécuté.

La moitié de la pièce, à droite, est occupée par les casiers que j'ai mentionnés plus haut. Ce sont les archives du Bureau. Vous voyez qu'elles occupent assez peu de place, et cependant elles renferment plus de cent mille fiches avec photographies, mesures et mentions des signes particuliers des criminels français ou internationaux de toute espèce. Il ne faudrait pas beaucoup plus de place, si le nombre de ces cartes était, non pas seulement de quelques centaines de mille, mais de plusieurs millions !

Sur quoi la méthode de M. Bertillon est-elle donc fondée? Sur un principe très simple. Entre les dimensions de certaines parties du corps humain il n'existe aucune corrélation. La tête peut être plus longue, la plante des pieds peut être courte, ce qui n'empêche pas le médius d'être plus ou moins long et réciproquement, et le tout pris ensemble n'a aucun rapport avec la taille, avec les dimensions, plus ou moins grandes, du torse; enfin les différences de longueur des doigts de la main, les bras étant étendus dans le sens horizontal ou en croix, sont variables d'individu à individu et, je le répète, n'ont aucun rapport; non plus que l'envergure des bras avec la taille, ni avec la forme de la tête, ni avec la longueur du buste etc.

L'expérience a démontré qu'il est impossible de trouver, parmi des milliers d'hommes, deux individus chez qui les corrélations entre les parties du corps indiquées ci-dessus soient identiques. Il y a des écarts et quelquefois ces écarts sont considérables; cela saute aux yeux, au premier coup d'œil jeté sur les fiches de M. Bertillon. Mais, par contre, il existe une relation entre les individus quant aux dimensions absolues du corps.

Il y a des gens de haute, de petite ou de moyenne taille. Il est évident que ces dimensions absolues seront plus rapprochées chez les hommes de même taille que chez les hommes de taille différente. C'est sur l'observation de ces faits empiriques que repose toute la méthode de M. Bertillon.

Voyons, à présent, comment elle est appliquée en réalité. Un détenu est introduit au bureau anthropométrique. La justice voudrait savoir s'il est, en effet, l'homme pour lequel il se fait passer, s'il a déjà subi une condamnation et pour quel motif, s'il ne serait pas l'auteur de tel ou tel crime que l'on recherche sous tel ou tel nom. Le bureau procède à sa mensuration. Au bout de deux minutes sa fiche est établie. Si c'est un repris de justice, son dossier et tous ses signes particuliers se trouvent notés sur l'une des fiches qui sont gardées dans un des innombrables tiroirs des casiers. Mais il s'agit de mettre la main dessus. De ces fiches il y en a plus de cent mille. Il est impossible de les revoir toutes l'une après l'autre. Admet-

tons, pour simplifier la chose, qu'en tout
il n'y en ait que 60.000 dans les archives.
Elles sont divisées, d'abord, en trois catégories, selon la taille du corps humain, et
désignées par des étiquettes rouges, bleues
et vertes. Du premier coup d'œil jeté sur
la fiche qui vient d'être établie, l'employé
voit dans quelle catégorie il doit chercher,
il commence donc ses recherches, non
parmi les 60.000 cartes, mais parmi 20.000
cartes seulement. J'ai dit qu'il y a des
chiffres sur les fiches. Il y en a cinq, l'un
désigne la taille, l'autre la longueur de la
tête, le troisième sa largeur, le quatrième
la longueur du pied et le cinquième la
longueur du médius de la main gauche.
Toutes ces catégories, hormis celle de la
taille, sont également divisées en trois
catégories chacune : la longueur de la tête
est grande, petite ou moyenne, même
chose pour la largeur et pour la longueur
du pied, et de même pour celles du médius.

L'employé définit ainsi instantanément
la série à laquelle se rapporte son sujet,
d'après le chiffre indiquant la longueur
de sa tête. Il ne reste alors qu'à chercher
parmi 6.000 cartes (nous rejetons les frac-
tions pour être bref). Le chiffre indiquant

la largeur de la tête réduira ce nombre à
2,000, et la longueur du médius de la
main gauche réduira, à son tour, ce dernier nombre à 600 ; enfin, la longueur du
pied abaissera encore ce nombre à 200.
Maintenant, nous nous arrêtons devant
un tiroir. Si l'on possède la fiche du prévenu, nous la trouverons dedans. Mais
nous n'avons nullement besoin de fouiller
parmi ces 200 cartes. Elles sont encore
divisées en neuf groupes d'après la couleur des yeux et en trois d'après l'envergure des bras.

Vous n'avez qu'à jeter un regard sur la
fiche que vous tenez, à contrôler l'une
avec l'autre et vous serez fixé.

Toute cette opération, si inexpérimenté
que vous soyez, ne vous demandera pas
plus de deux minutes. Un employé qui a
la main rompue au métier, n'employera
que le quart de ce temps. Pendant que
M. Bertillon m'expliquait son système, on
introduisit au bureau un individu rou-
geaud, presque un enfant ; on l'amenait
là sur un rapport du commissaire, qui
disait entre autres choses : « Evidemment,
il cache son nom. »

— Tenez, voilà une pratique pour vous,

me dit M. Bertillon, en me passant la fiche
de mensuration, toute fraîche encore.

— Comment t'appelles-tu? demanda-
t-il au prévenu.

— Dubois, répond celui-ci sans hésiter.

— C'est bien vrai?

— Oui, Monsieur, c'est bien vrai!

— As-tu déjà été au bureau?

— Non, Monsieur, j'y suis pour la première fois.

Nous le laissâmes, et je commençai à
chercher dans les archives le passé de cet
inconnu. Deux minutes plus tard, je trouvai sa photographie; je comparai les chiffres
mentionnés dessus avec ceux qui étaient
marqués sur ma fiche; il n'y avait aucun
doute, c'était le même individu, seulement
avec l'air plus jeune et plus naïf. Sur l'envers de cette photographie était détaillé son
signalement. Mais le nom était autre:
Forestier.

M. Bertillon prit cette photographie et
s'approchant du prévenu:

— Mon ami, tu as déjà été condamné
quatre fois pour vol, dont une fois avec
effraction, sous le nom de Forestier. Mais
ce n'est pas encore ton vrai nom. Comment
t'appelles-tu?

— Je vous l'ai déjà dit : je m'appelle Dubois. Vous vous trompez absolument.

— Non, je ne me trompe pas et, comme preuve, je te dirai que tu as là et là des cicatrices ; là une balafre, là une envie. Est-ce vrai, ça ?

— Non, je suis Dubois, répondait obstinément le prévenu, en baissant les yeux.

— Et celui-là, qui est-ce ? continua M. Bertillon, en lui montrant sa photographie.

— Donnez donc ses photographies antérieures, dit-il encore à un employé.

Et, comme par enchantement, les autres photographies du criminel apparurent.

— Vois-tu, tu t'appelles Burnon. Tu restais là et là, tu es né dans tel endroit, tu n'as pas de père.

Le pauvre diable commença subitement à trembler, comme dans un accès de fièvre, et deux grosses larmes roulèrent sur ses joues, couvertes de taches de rousseur.

— Pourquoi t'obstines-tu ? Ne vois-tu pas que c'est inutile. Si je dresse un procès-verbal, tu auras une ou deux années de prison de plus.

— Oui, je suis Burnon, prononça avec

peine le prévenu, puis il essuya ses larmes avec le revers de sa main, fit un geste désespéré, et sortit accompagné d'un garde républicain.

— Pourquoi vous voit-on maintenant si rarement chez nous? demanda M. Bertillon à un pickpocket anglais.

— C'est votre bureau qui nous a fait perdre tous nos avantages et nous rend la vie impossible. Autrefois, même pris, on en était quitte pour quelques mois de prison, on changeait de nom, et personne ne vous reconnaissait. Maintenant, grâce à votre mensuration, on est vite déporté, et va pour les travaux forcés!

L'invention du jeune savant n'a pas pour elle que l'estime des pickpockets. La justice française a été la première à l'apprécier.

Le bureau anthropométrique commença à fonctionner à la fin de l'année 1882. En 1885, des bureaux identiques étaient établis, sur l'ordre du ministre de l'Intérieur, dans toutes les prisons françaises. Rien de moins coûteux : le premier gardien de prison, sans aucune instruction, peut apprendre à mensurer en une ou deux leçons :

quant aux instruments nécessaires, leur coût ne dépasse pas 30 francs. A Paris, où l'on arrête quotidiennement une centaine d'individus, en moyenne, tout le personnel du bureau, y compris le directeur et les gens de service, ne dépasse pas huit personnes.

— Le bureau authropométrique opère actuellement la mensuration d'environ 32,000 individus par année, parmi lesquels se trouvent 615 récidivistes, qui se cachent sous de faux noms.

La méthode de M. Bertillon est maintenant presque universellement appliquée. Malheureusement, on l'a gâtée en y introduisant des procédés nouveaux, grâce auxquels les chiffres, trouvés par exemple par la police de Vienne, n'ont aucune valeur réelle pour la découverte des criminels internationaux.

En revanche, les Américains, en gens pratiques, ont appliqué la méthode de M. Bertillon d'une façon assez originale.

Des entrepreneurs privés ont établi des « Bertillon-bureaux » qui font aux administrations des villes des propositions dans ce genre : « Si vous voulez vous débarrasser des voleurs et des pickpockets, abon-

nez-vous chez nous. Vous nous enverrez
les individus arrêtés, nous procéderons à
leur mensuration pour un prix convenu
et nous vous communiquerons leur signalement. »

On dit que cette entreprise fait des
affaires excellentes et que la maison occupée par ses bureaux représente à elle
seule tout un quartier.

VI

M. GEORGES BONJEAN ET SON ŒUVRE

En étudiant la question de l'alcoolisme en France, il y a dix ans, je me heurtai à cette découverte surprenante, presque invraisemblable : la France, ce pays de liberté et de grandeur populaire, jette sur le pavé 150.000 enfants, et ni l'État ni la Société ne font absolument rien pour leur salut. Ces malheureux se trouvent entièrement entre les mains de la police. Les petits vagabonds errent dans les rues et sur les grandes routes, ils couchent dans les carrières, dans les bâtiments en construction, sur les bancs des boulevards extérieurs.

A la sortie des théâtres, des nuées de

gamins, épuisés et déguenillés, assiègent le public, qui offrant d'amener une voiture, qui ouvrant la portière ; après quoi ils tendent la main. Quelquefois, en fermant votre portière, ils vous glissent tout bas d'odieuses propositions. La police poursuit sévèrement ces malheureux petits citoyens, dans l'intérêt de la morale et de la décence publique. Elle les arrête, elle en remplit ses voitures cellulaires et les écroue au Dépôt. Et l'affaire en reste là.

Plus loin, je donne la description des petites cellules sombres, situées au-dessous même de l'escalier du magnifique Palais de Justice et où, faute de mieux, on tient enfermés ces petits singes malpropres et ridés. Plus tard, me trouvant au Palais-Bourbon, plus magnifique encore, et tout en écoutant les beaux discours prononcés à la tribune sur la nécessité de renverser le ministère, sur la suppression des sous-préfets ou, enfin, sur l'urgence extrême de la séparation de l'Église et de l'État, je me rappelai plus d'une fois ces petits êtres captifs sous l'escalier du Palais de Justice...

Les petits vagabonds ne restent pas longtemps sous l'escalier, deux, trois,

cinq jours au plus, puis on les met en
liberté, pour les arrêter bientôt de nouveau comme vagabonds, jusqu'au jour où
ils commencent à voler et où ils s'enrô-
lent dans une bande de cambrioleurs.

Ce n'est pas la place qui manque pour
loger ces voleurs en herbe : il y a la petite
Roquette, les maisons de correction, enfin
le bagne de Nouméa.

Mais je doute que toutes ces maisons de
correction soient bien efficaces, à en juger
par le fait suivant qui s'est produit dernièrement à Douai. Sept cents enfants détenus organisèrent un complot contre un
des surveillants et, au jour convenu, lui
fendirent le crâne d'un coup de hache.

Les hommes d'État, absorbés par la
campagne électorale et le renversement
des ministères, n'ont pas le temps de s'occuper des enfants abandonnés et le nombre des petits criminels s'accroît. Au cours
des derniers cinquante ans il a augmenté
de 135 pour 100.

Heureusement, il se trouve en France
des gens qui s'occupent d'autre chose que
de politique et pour lesquels l'assistance
des misères humaines a plus d'importance

que le compte des voix électorales. Au
nombre de ces hommes rares il faut citer
tout d'abord l'honorable M. Georges Bonjean, juge au tribunal de la Seine.

M. Bonjean est le fils du président de la
Cour d'appel, qui fut arrêté par les communards, gardé comme otage et exécuté
avec les autres, le 24 mai 1871, dans la
cour de la grande Roquette. La veille de
sa mort, ignorant encore le sort qui lui
était réservé, le vieillard écrivait à sa
famille une lettre dans laquelle, entre
autres choses, il disait :

Je sens que c'est ma dernière lettre. Je
pardonne de tout mon cœur à mes bour-
reaux, et je vous prie d'en faire autant. Si
ce pardon vous coûte, rappelez-vous les
paroles du Christ : « Heureux ceux qui
souffrent pour la vérité. »

Pendant l'exécution du vieux Bonjean,
son fils ainé, Georges, était soldat au fort
de Vanves où il risquait sa vie dans des
escarmouches incessantes avec les Allemands. Il observa scrupuleusement la
volonté de son père martyr. Le nom des
Bonjean ne figura point sur les listes de
témoins du conseil de guerre. Georges
Bonjean fit même plus. Après la répres-

sion de la Commune, alors que sur les pavés de Paris noyés de sang, des milliers d'enfants erraient, orphelins, et que tous se détournaient avec horreur de ces malheureux, le jeune Bonjean ramassa dans la rue tous ceux qu'il put trouver et les recueillit dans sa propriété d'Orgeville. Il leur apprit à lire et à écrire, leur enseigna l'agriculture, habitant et travaillant avec eux. Les enfants l'aimèrent comme un père et son succès dépassa toutes les espérances. Alors des gens riches lui proposèrent de l'argent pour élargir la bonne œuvre. Mais M. Bonjean refusa les offrandes. Suffisamment riche par lui-même, il n'avait pas besoin d'argent pour son asile d'Orgeville. Cependant, le succès de l'entreprise de M. Bonjean croissait toujours et l'expérience quotidienne lui donnait la conviction qu'il n'existe point d'enfants fatalement et irrémédiablement corrompus, qu'en s'occupant d'eux, en leur donnant de bons exemples, on peut toujours espérer en faire des citoyens honnêtes et utiles. Cette conviction inspira à cet excellent homme l'idée de transformer son œuvre philanthropique privée en une institution nationale. C'est alors qu'il s'adressa à la société dans un appel, dans lequel il dépeignait en termes simples et élevés, la situation des enfants abandonnés et suppliait les hommes de bonne volonté de venir à leur secours, de les enlever à l'armée du crime, tous les jours plus nombreuse. Cet appel de M. Bonjean date de septembre 1879. Il fut entendu. Toute la presse l'inséra, le discuta et l'approuva avec enthousiasme.

Un an après, le ministre de l'Intérieur confirmait les statuts de la nouvelle société qui prit le nom de « Société Générale de Protection pour l'Enfance abandonnée ou coupable. » Au bout de quatre ans la Société comptait déjà 8,000 membres ; elle disposait d'un actif de 333,720 francs, le nombre des enfants admis atteignait 1,743 ; le nombre des institutions fondées par la Société était de 25. A la fin de 1886, 3351 enfants se trouvaient sous la protection de la Société, et son actif était de 399,258 francs. Le nombre des membres sociétaires est aujourd'hui de 17,000 à peu près. Bien mieux, quelques années après, un certain Königswarter décédait en léguant à l'Etat une somme d'un million de francs aux conditions suivantes : « Qu'une colonie

agricole serait fondée avec cet argent, sur
le modèle de celle d'Orgeville, que sur les
huit membres du comité qui devait se
trouver à la tête de cette colonie, cinq
appartiendraient au conseil d'administration de la Société Générale de Protection des enfants abandonnés ou coupables. »
De sorte que M. Georges Bonjean et ses
deux frères, Maurice et Jules, le président
de la Société, son administrateur en chef
et son secrétaire, furent désignés comme
administrateurs perpétuels de la nouvelle
colonie. Enfin, en 1887, M. G. Bonjean fit
don de sa propriété d'Orgeville à la
Société, don qui, d'après l'évaluation des
experts, représente une valeur de plus
d'un million.

Depuis longtemps, je désirais faire la
connaissance de M. Bonjean, mais M.
Bonjean est décidément invisible. Il ne
fréquente pas le monde et chez lui on ne
le trouve jamais. Il me fixe un rendez-
vous de grand matin; j'arrive, on me dit
qu'à deux heures du matin il a été mandé
par le télégraphe au nord de la France.
Toujours en voyage, il dirige une trentaine de colonies éparses dans toute la
France, (il y en a même en Algérie), et

avec quel zèle ! Il veut tout voir par lui-
même, faire une amelioration ici, là une
nouvelle expérience d'ensemencement.
Aussi son temps est toujours pris. A Paris,
il se lève avec l'aube, il déjeune à sept
heures, donne des ordres pour la journée ;
puis, ce sont les courses chez les fournis-
seurs, les achats de machines, les analyses
chimiques des divers sols et engrais, la
recherche de nouvelles graines pour l'ensemencement. Quand il a faim, il entre
dans le premier restaurant venu, mange
à la hâte et continue ses courses. Enfin,
quand il n'a rien à faire à Paris, il va se
reposer à Orgeville. Ce repos consiste
pour lui à revêtir sa blouse de travail,
et le voilà qui sème, fauche, laboure avec
ses pupilles, fait rentrer le blé dans les
granges, charge le foin sur les chariots,
comme un véritable agriculteur. Enfin,
je réussis à le trouver. Mais, en même
temps que moi, une quinzaine de personnes l'attendaient...

A Paris, M. Bonjean habite une maison
qui lui appartient et où se trouve également le siège de la Société. En entrant
dans le bureau, vous voyez des placards
pleins de dossiers rangés le long des murs,

des tables en chêne encombrées de
papiers et de livres; des employés pen-
chés sur leurs écritures font fiévreu-
sement marcher leurs plumes; d'autres
personnes au service de l'établissement
vont et viennent d'un air affairé. Malgré
vous, la pensée vous vient: voilà une
maison où l'on gagne beaucoup!

Une chose cependant vous frappe: c'est
la bonté et l'intelligence qui caractérisent
les physionomies des collaborateurs de
M. Bonjean, toutes, depuis celle de son
frère Maurice, l'administrateur en chef,
jusqu'à celle du concierge.

Les deux frères cadets de M. Bonjean
sont avocats. Ni l'un, ni l'autre ne sont
mariés. Ils ont renoncé à leur carrière
pour pouvoir consacrer tout leur temps et
toute leur fortune à la Société.

Dans une petite pièce, devant un grand
bureau en acajou chargé d'une masse de
papiers, je vis un homme blond, puissant,
robuste, bien fait, la boutonnière ornée
du ruban rouge. Son nez aquilin, son front
large et blanc, lui donnaient un air de
fierté et d'aristocratie. Mais, sur son visage
encadré d'une barbe blonde, se répand
une bonté si douce et si joviale, ses yeux

gris expriment tant de bienveillance, qu'en lui serrant la main, il me semblait que je revoyais en lui un ami de longue date qui m'aurait été cher depuis longtemps.

Quelques instants après, M. Bonjean m'exposait déjà, avec toute l'ardeur d'un convaincu, quelle énorme besogne s'offre à l'homme qui se fait un devoir de s'intéresser au sort fraternel de ceux qui sont pauvres et qui souffrent.

Il s'effrayait, à en parler, de la quantité des misères humaines et de l'indifférence que la société montrait pour leur soulagement.

Citons, par exemple, les invalides du travail. L'homme a travaillé pendant toute sa vie, il a été honnête, utile à son pays, et quand la vieillesse arrive : prends la besace ou va te pendre. Est-ce juste? Ne vaudrait-il pas mieux laisser de côté toute politique et penser d'abord à améliorer le sort de ces pauvres gens?

De sa Société, M. Bonjean parlait comme d'une entreprise personnelle qui lui rapporterait. Il m'exposait différents systèmes d'éducation d'enfants abandonnés et coupables : il les discutait et défendait son propre système, éprouvé par une expérience favorable de neuf années.

— Ces enfants se préparent à être des ouvriers et de bons serviteurs de leur patrie, des soldats. Par conséquent, tout l'effort des instituteurs doit avoir pour objet d'habituer leurs élèves à une vie régulière, de leur fournir toujours une occupation sérieuse, de leur apprendre à fond un métier de façon à ce qu'ils le pratiquent, comme de vrais ouvriers. Pour cela nous avons adopté le système militaire. Tout se fait à heures fixes, sous la surveillance de militaires en retraite. Les heures qui ne sont pas prises par le travail sont consacrées à l'exercice, au tir et à la musique.

J'avais lu tous les compte-rendus de la Société et même deux énormes volumes sur les travaux du congrès international pour la protection des enfants abandonnés, réunis par M. Bonjean, en juin 1883. Donc, je connaissais tout ce dont M. Bonjean me parlait à présent. Je désirais seulement juger de tout par mes propres yeux. M. Bonjean me promit de me faire visiter la colonie agricole d'Orgeville, au premier jour dont il pourrait disposer. Il me fallut plusieurs mois attendre ce jour-là.

Enfin, au mois de juillet, je reçus un télégramme m'invitant à me présenter le lendemain (dimanche) au siège de la Société, à Paris, où je trouverais toute facilité pour aller visiter Orgeville.

J'emmenai avec moi un ami.

Au siège (40, rue de Lille) se joignit à nous un agent de la police japonaise, Karavadji, envoyé par son gouvernement en Europe pour étudier les systèmes pénitentiaires. Un des employés de la Société, homme actif et respectable, capitaine en retraite et décoré plusieurs fois, nous accompagnait.

Orgeville se trouve dans le département de l'Eure, à deux heures de Paris. C'est un pays pittoresque, boisé, jouissant d'un climat doux et sain. Depuis les neuf ans que la colonie existait, à l'époque où je la visitai, il n'y avait pas eu un seul cas de mort. M. Bonjean, accompagné du directeur de la colonie, vint au-devant de nous et aussitôt nous commençâmes notre inspection. La colonie se compose d'une grande ferme modèle pourvue de tous les perfectionnements désirables. Quoique ce

fût un dimanche, tous les élèves étaient
aux travaux pour ne pas perdre une journée de beau temps, très rare en cette
année-là. Les paysans circonvoisins en
faisaient autant. Tout d'abord, nous visi-
tâmes les dortoirs, où s'accusait tout de
suite le sens pratique du système de
M. Bonjean. Une salle immense est divisée
en trente cabines séparées par des cloi-
sons. Dans chaque cabine se trouvent un
lit de fer avec un matelas et une couverture en drap grossier, une petite table et
un porte-manteau. Ceci écarte toutes les
incommodités d'un dortoir commun et en
même temps chaque élève a son petit chez
soi. La surveillance est facile. D'ailleurs,
elle est presque superflue ; les enfants, après
la fatigue d'une journée de travail et
d'exercices, n'ont rien de plus pressé que
de s'endormir du sommeil le plus profond.

— Bien que la plupart des enfants nous
soient envoyés à la suite de verdicts judiciaires, nous les laissons en pleine liberté.
Nous n'avons ni cadenas, ni verrous ; les
portes sont ouvertes. Rien de plus facile
que de s'en aller. Néanmoins, nous n'avons
pas un seul exemple qu'un enfant se soit
sauvé. Nous n'usons pas de sévérité, mais

6.

nous agissons par la conviction et la douceur. Les enfants le comprennent.

Notre visite continuait. Après la ferme, c'était la salle d'études, les écuries, la laiterie, la cuisine, les magasins. Une charrette énorme de foin entra dans la cour. Un jeune homme de dix-huit ans environ, hâlé et musculeux, qui la conduisait, l'arrêta sur une plate-forme en fer, consulta une aiguille indicatrice et nota quelque chose sur son carnet.

— Qu'est-ce qu'il fait?

— Il pèse le foin. C'est indispensable pour la comptabilité! Il faut que nous connaissions le poids et la mesure de tous les produits avec une exactitude mathématique,

— Pourquoi avez-vous ici si peu d'élèves? La ferme est grande et vous avez assez de terre, à ce qu'il paraît?

— Nous avons 150 acres. Auparavant nous avions 100 et même plus de 100 élèves, mais l'expérience nous a démontré que la chose n'était pas pratique. Notre tâche consiste à préparer de bons ouvriers qui, en nous quittant, soient immédiatement aptes à trouver une place et à être utiles à leur patron. Pour obtenir ce résultat, il faut que chaque garçon suive pratiquement toute la série des travaux agricoles. Or, si nous mettons trop d'élèves sur une surface donnée de terre, personne n'apprendra rien et la peine sera perdue. Vous le comprendrez tout de suite par l'exemple suivant. Pour faire un bon laboureur il faut tout au moins six mois. La colonie qui possède 200 hectares n'emploie pas plus de 5 charrues. Donc, en une année, vous ne pouvez préparer plus de deux séries d'ouvriers de cinq homme chaque. Et si vous placez dans une colonie pareille 100 hommes, il en restera 90 qui ne sauront pas conduire la charrue.

Nous avons 29 jeunes gens, mais tous ne font pas la même chose ; il y a des jardiniers, des cochers, des cuisiniers, etc.

Nous continuons notre inspection et, après avoir traversé une cour, nous nous arrêtons devant un groupe d'élèves qui rentrent du foin dans le fenil. On les récompense des travaux supplémentaires exécutés un jour de fête comme ce jour-là par un plat de plus à leur dîner ou en leur délivrant un bon avec lequel ils peuvent acheter ce qui leur plaît, sauf des

boissons alcooliques. Ils avaient l'air con-
tents de leur sort et nous saluèrent amicalement tout en continuant leur besogne.

Derrière la maison se trouve une petite
chapelle. On y voit un monument en
marbre blanc portant une inscription en
caractères dorés : « Ce monument couvre
la terre ensanglantée, recueillie à l'endroit
où expira le président Bonjean, victime
du devoir accompli stoïquement le 24 mai
1871, avec ses saints compagnons mar-
tyrs : Monseigneur Darboy, archevêque
de Paris, l'abbé Deguerry, Allard, Clerc
et Ducoudray. »

A côté, une petite cellule, reproduction
très exacte de la cellule où le père de
M. Bonjean fut enfermé avant sa mort.
La table, le lit, les livres et d'autres objets,
qui se trouvaient dans la cellule du malheureux vieillard, ont été transportés
directement de la prison. Ces reliques
sont gardées avec dévotion par la famille
du défunt. Nous quittons l'église, très-
émus. De grosses larmes roulaient sur le
visage de mon compagnon, un homme
d'un certain âge. Il ne les remarquait pas
et écoutait avidement le récit de M. Bonjean. Le vieux Bonjean était absent,

quand l'insurrection éclata à Paris. Le
gouvernement quitta la ville mais le vieillard résolut de s'y rendre, seul, sans emmener sa famille.

— Pourquoi y vas-tu? lui demandait sa
femme.

— Mon congé touche à sa fin, il faut
que je rentre à mon poste.

— Mais il n'y a personne à Paris!

— Alors, moi, j'y serai. Je suis président,
je dois donner l'exemple.

Et le vieillard honnête périt victime de
son devoir...

M. Georges Bonjean est un catholique
convaincu. Mais il reçoit dans sa colonie
des enfants de toutes les religions ; ainsi,
il y a un juif, des protestants, des ortho-
doxes même. Il n'oblige personne à aller
à l'église et ne cherche pas à faire des
conversions. Au nombre des membres
actifs de la Société se trouvent, en même
temps que des abbés, un rabbin israélite
et des pasteurs protestants. Dans son
acte de donation d'Orgeville à la Société,
M. Bonjean a mis la condition suivante:
« Si un jour la Société cesse d'être tolé-
rante et établit une préférence en faveur

d'une religion au détriment des autres, la donation est annulée. »

Après avoir traversé un parc magnifique et touffu où s'élève la maison d'habitation de M. Bonjean, nous nous trouvons dans les champs. Un spectacle curieux s'offre à nous : un vaste champ, divisé en petites parcelles, produit un mélange des cultures les plus diverses. Ici vous voyez le froment qui atteint presque la hauteur d'un homme et dont les épis s'inclinent sous leur poids ; à côté, ce même froment, clairsemé et maigre, est étouffé sous les renoncules, les coquelicots et autres herbes folles. Ici le champ présente une calvitie, plus loin, il repose l'œil par la verdure fraiche et foncée de ses pommes de terre, Qu'est-ce que tout cela veut dire? Cela veut dire que M. Bonjean ne se contente pas de faire de bons cultivateurs. Il veut que ses élèves soient en état de développer et de perfectionner la culture nationale. C'est dans ce but qu'il a transformé son champ en un vaste champ expérimental. Il démontre à ses élèves, par la pratique même, comment une certaine espèce de blé arrive à triompher dans sa lutte contre les herbes folles,

tandis qu'une autre espèce présente le
cas contraire et se trouve vaincue : comment tel engrais acheté dans le commerce
est plus cher et de qualité inférieure (car
en cette matière il y a aussi des falsifica-
tions), que le même engrais préparé chez
soi. S'il arrive que M. Bonjean fasse quelque heureuse découverte agricole, non
seulement il la communique à ses élèves,
mais il va dans les villages voisins et
invite les paysans à venir se convaincre
sur place de l'amélioration qu'il a trouvée.
M. Bonjean fait de plus la propagande de
ses observations et de ses essais dans les
associations agricoles, aux concours et
expositions où il a obtenu plusieurs mé-
dailles et plusieurs prix.

Quant aux élèves de la colonie d'Orgeville, ils deviennent de si bons travailleurs
que les fermiers du voisinage se les dis-
putent. Un élève de M. Bonjean jouit toujours de la meilleure réputation. Avec
combien d'orgueil m'a-t-il raconté le fait
d'un de ses élèves qui, étant entré comme
ouvrier dans une ferme, venait d'épouser
dernièrement la fille de son patron et
était devenu propriétaire lui-même. Cette
ferme est située vis-à-vis de celle où il a

reçu son éducation. Un autre élève qui
travaillait dans une usine s'est marié également avec la fille du patron. A présent
il recueille lui-même des enfants malheureux pour les élever. Un troisième est
devenu représentant d'une grande maison
de commerce. La plupart des élèves, en
sortant de l'établissement de la Société,
s'engagent au service militaire. Leurs
communications avec M. Bonjean ne
cessent pas pour cela. Il reste en corres-
pondance permanente avec eux. J'ai lu
plusieurs de ces lettres. Les ex-pension-
naires de M. Bonjean lui communiquent
les moindres détails de leur vie, comme
on le ferait à une mère, avec une confiance et une naïveté enfantines. Un mate-
lot, par exemple, arrive à Bordeaux. Il
s'empresse de l'écrire à son « directeur »:
il raconte sa première traversée, sa petite
maladie, s'excuse de ne pouvoir pas
encore lui décrire la ville et les curiosités
du pays : quand il l'aura visitée il donnera
tous les détails. Souvent, les jeunes soldats
l'informent de leur avancement, ou des
décorations qu'ils ont obtenues. L'un d'eux
est médaillé au Tonkin: d'autres ont été
nommés caporal, sous-officier, sergent.

Comme les élèves de la colonie reçoivent une excellente éducation militaire, ils réussissent parfaitement au régiment. Fréquemment les ex-élèves de M. Bonjean lui envoient leur portrait, « pensant que cela lui fera plaisir ». De son côté, la Société leur expédie de temps en temps de petits cadeaux : du linge, des habits, de l'argent. La Société s'informe souvent, auprès de leurs chefs militaires ou auprès de leurs patrons, de leur conduite. Les réponses sont toujours des plus favorables.

Après avoir visité les champs, M. Bonjean nous invita à entrer chez lui. Dans le parc nous aperçûmes deux enfants de sept et neuf ans, aux joues fraîches, et bien portants : c'étaient le fils et la fille de notre honorable hôte. Nous fûmes présentés à Mme Bonjean qui nous reçut au salon. C'est une belle femme, blonde, d'une trentaine d'années, dont la figure exprime autant de bonté et d'affabilité que celle de son mari. Elle faisait les honneurs de sa maison d'une manière si aimable et si simple qu'elle me fit penser à quelque bonne dame Moscovite recevant ses invi-

tés. Mme Bonjean est une aquarelliste dis-
tinguée.

Tout dans cette famille respire un bonheur loyal et pur.

VII

L'ASSISTANCE PUBLIQUE A PARIS

LES ENFANTS ASSISTÉS

A Paris et dans la banlieue le nombre
des enfants laissés aux soins de l'assistance
publique est de 15,097. Ce qui signifie
qu'il existe un nombre à peu près équi-
valent de parents qui ne peuvent, ne veulent ou ne sont pas dignes d'élever leur
progéniture. Si l'on soustrait du chiffre
que donne la population du département
de la Seine (3 millions environ) le nombre
des mineurs et des vieillards, si l'on veut
se souvenir qu'il se trouve à Paris beaucoup de couples qui intentionnellement
ne procréent pas, et si l'on prend, enfin,
en considération que, dans le reste de la

population, il se rencontre une certaine quantité de parents qui détruisent leurs enfants avant et même après leur naissance, — il en résultera une constatation quelque peu effrayante. Sur vingt couples il en est toujours un qui, d'une façon ou d'une autre, refuse d'assumer les devoirs de la paternité. Et c'est sur un des points les plus civilisés du monde entier que pareille chose a lieu. Que penser de ces pays heureux qui, quoique ayant une histoire, ne se soucient point de statistique et ne savent rien de ce qui se passe chez eux ? Paris, à cet égard, est une ville caractéristique. D'abord, c'est une ville très riche. Sa municipalité dispose, rien que pour les œuvres de bienfaisance, d'un budget de 10 millions. Rien ensuite de plus sincère que le souci qu'elle a d'alléger effectivement, dans une vaste proportion, le sort de ses habitants malheureux et cela, elle le fait largement, humanitairement, sans établir de différence entre les siens et les étrangers. Enfin, et l'observation est particulièrement importante, Paris n'a point l'habitude de cacher ni ses défauts, ni ses maladies : tout se passe ici dans la grande

lumière du jour, ouvertement et loyale-
ment. Libre à qui voudra de venir voir,
libre ensuite de louer ou de blâmer,
comme bon lui semblera.

Je me présentai chez le directeur des
institutions de bienfaisance de Paris,
M. Peyron, et lui fis part de mon désir
de prendre connaissance de tout ce que
fait son administration pour les enfants
abandonnés. M. Peyron me reçut non
seulement d'une façon très aimable, mais
encore avec l'air visiblement flatté qu'un
étranger vint étudier les institutions diri-
gées par lui. Et le voilà qui m'explique
tout ce qui peut m'intéresser, met à ma
disposition un employé pour me guider
dans ma visite aux établissements en
question, et quand je reviens chez moi,
je trouve une liasse de comptes rendus,
fort bien tenus, concernant la situation
actuelle et toute l'histoire des œuvres des
enfants abandonnés à Paris et dans le
département de la Seine. Ce sujet me
trouvait un peu pessimiste, pessimisme
qui provenait de ce que mes connaissances à cet égard ne s'étendaient qu'aux
temps antérieurs à l'année 1881, alors que
la position des enfants abandonnés était

vraiment déplorable. Les « tours » des hospices des enfants trouvés sont supprimés depuis une quarantaine d'années. Par cette mesure le législateur naïf croyait atténuer le nombre des enfants abandonnés. Et il en est résulté que le nombre des infanticides et des avortements a augmenté. Quant aux enfants trouvés au hasard du pavé, il fallait bien tout de même les recueillir et les élever. Mais le placement d'un enfant par la mère à l'hospice des enfants trouvés était entouré de telles formalités que les malheureuses femmes, que la nécessité forçait à abandonner leurs enfants, préféraient les jeter tout simplement à la rue que de s'aboucher avec l'administration. De plus, la loi méconnaissait tout simplement, avec une hypocrisie révoltante, l'existence des enfants abandonnés et leur déniait toute assistance si ces derniers n'avaient pas été abandonnés aussitôt après leur naissance et s'ils possédaient des parents, ces parents fussent-ils criminels, ou débauchés et sans souci de leurs enfants. Et cependant 150,000 de ces enfants rôdaient en France. La loi ne s'intéressait à eux qu'à titre de vagabonds; on les enfermait dans une prison pour quelques jours, ensuite on les relâchait, pour les arrêter de nouveau et cela indéfiniment, jusqu'à ce que les filles commençassent à gagner leur vie par la débauche et les garçons par le vol et l'assassinat. Alors la loi faisait son apparition comme protectrice de la morale et du droit de propriété. On pourrait citer des cas, où des malheureux parents se virent acculés au suicide et se donnèrent la mort, pour procurer à leurs enfants, en leur qualité d'orphelins, le droit d'être reçus dans les établissements de bienfaisance et par cela même les sauver d'une perte inévitable.

Maintenant tout cela est changé. D'abord l'administration de l'assistance publique à Paris a pris des mesures rationnelles pour empêcher l'abandon des nouveaunés. Elle a reconnu que beaucoup de femmes abandonnent leurs nouveau-nés parce que la misère les empêche de nourrir et d'élever leurs enfants. C'est pourquoi on donne à chaque mère qui se présente à l'hospice des enfants trouvés, avec la faculté de garder son bébé, une pension annuelle de 20 à 25 francs par mois et un petit lit, à la condition qu'elle

allaitera elle-même son enfant. Beaucoup
de mères acceptent avec joie, mais il en
est qui travaillent et qui sont occupées
durant toute la journée, du matin jusqu'à
la nuit; à celles-là on propose de mettre
leurs enfants en nourrice, à la campagne,
à condition qu'elles les reprendront au
bout d'une année. Ce système a obtenu
un succès inespéré et les résultats en sont
remarquables. Les données statistiques
prouvent que, de cette manière, Paris
sauve la vie à 1,000 enfants, tous les ans;
8,587 mères reçoivent actuellement des
secours « pour allaitement de leurs
enfants » et la dépense revient à plus de
900,000 francs par année. Même l'abandon d'enfant ne présente plus maintenant
aucune difficulté et n'exige presque pas
de formalités. La mère peut se présenter
à toute heure de la journée ou de la nuit.
Si elle refuse d'accepter le secours offert,
pour allaiter elle-même son enfant, on
l'avertit qu'elle n'aura pas le droit de le
voir et qu'on ne lui dira pas même où on
va le placer; il ne lui sera permis que de
venir de temps en temps s'informer si son
enfant est vivant ou non. La seule chose
qu'on demande à une mère pareille c'est

que, dans l'intérêt de l'enfant, elle four-
nisse son acte de naissance et donne des
renseignements sur la position de ses
parents. Mais on la prévient cependant
que cette formalité n'a rien d'obligatoire
et dépend uniquement de sa bonne
volonté.

Une autre innovation importante consiste dans la reconnaissance officielle qui
a été faite d'une catégorie d'enfants moralement abandonnés et, par conséquent,
du devoir qui incombe à la société de
veiller sur eux. Il y a des parents malades ou qui vivent de la mendicité, de la
débauche, du crime. Ceux-là ne s'occupent guère de leurs enfants ou n'exercent
sur eux qu'une influence malsaine. Dans
ces deux cas, les enfants sont condamnés à
une chute imminente si la société ne vient
pas à leur secours. Combien il existe de
ces infortunés, on peut en juger d'après ce
fait que du jour où l'on a commencé à les
admettre dans les hospices de l'assistance
publique, on reçoit environ 800 enfants
par an, à Paris seulement, et qu'ainsi plus
de 6,000 ont été admis depuis l'an 1888
jusqu'à aujourd'hui. Ces chiffres sont loin
de représenter le nombre réel des enfants

7.

de cette catégorie. Et la cause en est très simple. Plus misérables et plus débauchés sont les parents, plus ils s'opposent à ce que leurs enfants soient placés dans un établissement de bienfaisance, car leurs enfants même constituent une source de revenus pour eux. On le comprendra facilement d'après ce qui suit : les parents de cette espèce abandonnent plus volontiers les garçons que les filles, bien qu'il soit reconnu qu'il vienne au monde et qu'il grandisse plus de filles que de garçons. Cependant il est prouvé que sur 100 enfants moralement abandonnés on ne trouve que 31 filles. En outre il faut remarquer que cinq sixièmes de ces enfants sont des enfants légitimes. Forts de leur droit, que tout Français sait parfaitement défendre, les parents indignes font tout leur possible pour reprendre leurs enfants quand ils grandissent. L'administration était, jusqu'à ces derniers temps, tout à fait impuissante dans sa lutte contre eux. Le pouvoir paternel était, d'après la loi française, absolu. Au cas d'un crime même commis sur la personne de leur enfant, les parents étaient naturellement punis, mais après avoir purgé leur condamnation ils reprenaient leurs droits de disposer du sort de leur famille. Dans ses comptes rendus que M. Peyron présente annuellement au Préfet de police, il se plaint amèrement de cet état de choses. Les exemples qu'il cite, tirés de sa pratique quotidienne, sont nombreux et sinistres dans leur éloquence. Je n'en citerai qu'un : dans un jardin public on arrête une femme qui propose aux passants sa fille âgée de dix ans. Ce crime est spécifié dans la loi française et s'appelle « l'excitation de mineur à la débauche ». Il est puni assez sévèrement; l'homme qui l'a commis est privé de ses droits civils (mais non des droits paternels); pour la femme, c'est onze mois de prison, et la jeune fille est internée, dans ce cas, dans un des hospices de l'assistance publique. On lui donne une éducation, on lui fait apprendre un métier et elle commence à faire des progrès. Mais voilà que la mère sort de la prison; comme un « Shylok » elle réclame son « droit légitime », elle réclame sa fille, dont le pauvre corps représente le revenu unique de cette mégère. La loi est pour elle: la fille est arrachée à ses travaux et forcée de quitter sa chambre propre et chauffée, où elle se trouvait si heureuse, pour faire le trottoir avec sa mère dénaturée.

Heureusement, en France, où l'initiative privée joue un si grand rôle dans la lutte engagée contre les abus sociaux, il suffit d'indiquer le mal et de soulever contre lui l'opinion, pour le faire disparaître. C'est ce qui est arrivé également dans le cas qui nous occupe. La cause des enfants abandonnés trouva un défenseur dans le célèbre avocat des enfants français, le sénateur Roussel, et, grâce à son énergie, une loi fut votée qui limitait les pouvoirs des parents. Un homme indigne peut être maintenant privé de ses droits paternels comme de ses droits civils.

Voilà toutes les améliorations que la société française a réalisées dans son œuvre d'assistance des enfants malheureux, durant ces dernières années. Voyons, maintenant, comment se manifeste à Paris l'activité de cette assistance à l'égard de ces mêmes enfants.

A l'extrémité méridionale de Paris, dans la rue Denfert-Rochereau, est une maison dont la façade ne semble guère large, au premier abord. Mais si vous pénétrez par sa grande porte de fer, vous vous trouvez

engagé dans un véritable labyrinthe. Toute
une ville est là, avec des jardins, des ateliers, des lavoirs, des écuries, des boulan-
geries, des écoles, des hôpitaux. Et cependant, ce n'est là que le dépôt ou, plutôt,
qu'une station temporaire des enfants abandonnés de toutes les catégories. C'est ici
que viennent dans la nuit, en cachette, les
femmes qui veulent abandonner définitivement et pour toujours leurs enfants ; c'est
ici que la police conduit les petits enfants
recueillis dans les rues, les orphelins dont
les parents sont à l'hôpital ou déclarés
indignes d'élever leur progéniture. C'est
dans cette maison qu'on classe les enfants
avant de les expédier dans tous les coins
de la France. D'ailleurs, la plupart d'entre
eux exigent au préalable des soins médi-
caux. On les amène dans un état de négli-
gence affreuse, couverts d'éruptions et d'ul-
cères, avec des maladies des yeux, de l'es-
tomac et des poumons.

Quand je passai le seuil de cette sombre
maison dont la lourde atmosphère de
prison et d'hôpital me saisit, je sentis
comme un étrange malaise, il me semblait qu'un cauchemar m'étouffait. Parmi
ces enfilades de chambres, garnies de petits

lits de fer, où gisaient des dizaines et des centaines d'enfants, je fus frappé, tout d'abord, par le morne silence qui régnait là. Point de rires, point de pleurs. On dirait que ces enfants sont tous morts ou qu'ils se sont métamorphosés en statues. Mais si l'on approche du lit étroit, on distingue une petite figure pâle, dont les grands yeux tournés vers la lumière regardent avec apathie, dans le vide, devant eux, et cette petite figure reste là sans bouger durant des heures entières. Dans la première salle où j'entrai, un tout petit enfant agonisait. Les sourcils sévèrement contractés, la bouche ouverte, comme pour chanter, il restait immobile, et sa petite figure pâle était blanche comme l'oreiller sur lequel reposait sa tête. Dans un coin jouaient sans bruit des enfants de trois à cinq ans. Ils étaient cinq, dont deux impotents.

Dans une des salles suivantes je remarquai une jolie tête blonde aux longs cheveux bouclés. Appuyant sa main fine et transparente sur son oreiller, l'enfant qui pouvait avoir une dizaine d'années, était si absorbé par ses pensées qu'il ne s'aperçut pas de notre arrivée.

— C'est un phtisique, dit l'employé

qui m'accompagnait, il est peu probable qu'il vive encore quinze jours.

Nous nous approchâmes.

— Est-ce un garçon ou une fille ? demandai-je en me penchant vers lui.

— L'un des deux, répondit-il, en jetant sur moi le regard narquois du gamin de Paris.

— C'est un chanteur ambulant ; il chantait dans les rues et on lui donnait des sous.

— Non, Monsieur, je ne chantais pas dans les rues, mais chez les marchands de vin.

— Veux-tu nous chanter quelque chose ? continua l'employé.

— Je veux bien, Monsieur, mais il me faut un encouragement.

On lui donna quelques menues pièces, et il commença, sans changer de position, une romance sentimentale : « Le Sentier des Amoureux ».

— Il ne faut pas chanter, mon chéri, tu es malade.

— Oui, mais je ne suis pas malade de la poitrine, répondit-il d'un ton assuré.

— Et que vas-tu faire de ton argent ?

— Oh ! certainement, je le mettrai à la caisse d'épargne !

Dans une autre salle nous rencontrâmes tout un petit monde d'un an et demi à deux ans. Tous ces marmots s'amusaient à pousser tous ensemble un petit cheval écorché, sans queue ni tête : ils avaient l'air content et joyeux. En nous voyant, quelques-uns s'approchèrent et nous firent des amitiés. D'autres enfants, qui ne pouvaient pas encore marcher, étaient assis sur un petit échafaudage, entourés de coussins, et regardaient jouer les plus grands. Tous les enfants, sains ou malades, portent un collier de perles, de couleurs différentes (selon la catégorie), avec une petite médaille sur laquelle est frappé leur numéro. Ce numéro leur permet plus tard de retrouver leurs parents ou à ceux-ci de retrouver leurs enfants. L'un et l'autre arrive, mais très rarement. Ordinairement, le sort des enfants abandonnés est le suivant : les nourrissons sains sont placés chez des nourrices, à la campagne. Ces nourrices reçoivent vingt à vingt-cinq francs par mois, tant qu'elles allaitent l'enfant au sein ; en outre, on leur donne le trousseau nécessaire. Quand l'enfant est sevré, on paye sa pension de quinze à vingt francs et il est habillé aux frais de l'administration. Cette dernière envoie aussi les enfants à l'école, et fait de son mieux pour qu'ils restent le plus longtemps possible dans les familles qui les ont élevés. L'administration veille sévèrement à ce qu'ils soient bien soignés. Dans quelle mesure cette surveillance est-elle efficace et le but atteint, on peut en juger par ce fait que la mortalité des enfants placés par l'assistance publique dans les villages est moindre que celle des enfants placés par leurs parents mêmes. C'est là un fait incroyable, mais néanmoins si authentique qu'il a obligé M. Roussel, l'honorable sénateur, déjà nommé, de proposer une loi, en vertu de laquelle les enfants placés en nourrice par .leurs parents seraient soumis à la même surveillance que les enfants abandonnés.

M. L. Bruyère, chef de la « division » des enfants aux soins de l'assistance publique, donne dans son livre « Les services publics de protection de l'enfance » les chiffres suivants : sur la totalité des enfants placés par les agences privées, il meurt une proportion de soixante-dix pour cent, et sur la totalité des enfants placés par l'assistance publique il ne meurt qu'une proportion de trente-deux pour cent.

Les enfants moralement abandonnés sont placés par l'administration chez des patrons particuliers et aussi dans des établissements d'instruction et des ateliers créés par l'assistance publique du département de la Seine; ils se trouvent sous sa tutelle jusqu'à l'âge de vingt et un ans. Les filles en sont dégagées avant cet âge, si elles se marient.

Pour les enfants abandonnés la Ville dépense annuellement sept cent mille francs et entretient à leur sujet trente-deux établissements scolaires et ateliers.

VIII

LE TRIBUNAL ET SES CLIENTS

Sur le boulevard du Palais, à deux pas du bruyant boulevard Saint-Michel, s'élève un grand et bel édifice entouré d'une grille dorée. Au-dessus de la porte d'entrée, brillent encore aujourd'hui, à la lumière du soleil, la couronne surmontée d'une croix et les glaives de l'Empire. Des hommes et des femmes, des gens de divers états et de différents âges, s'engouffrent sans cesse par cette porte et après avoir traversé la cour pavée, gravissent un large escalier qui occupe toute la façade.

Cet édifice est le Palais de Justice. Sa construction fut définitivement achevée en 1878, après l'incendie de 1871, qui en avait détruit une grande partie, et il occupe maintenant presque tout un quartier. Le côté qui donne sur la Seine, possède deux vieilles tours; c'est la prison de la Concier- gerie, où fut jadis enfermé Louis XVI. Actuellement, cette prison est destinée exclusivement aux cambrioleurs, et une fois seulement, il y a dix ans, ses murs ont été honorés par une présence princière, celle de Jérôme Napoléon qui y fut incar- céré après son fameux manifeste.

Entrons donc dans ce luxueux palais. Tout d'abord, c'est une grande salle peu éclairée, dont les fenêtres ont des carreaux mats. Au fond, près du mur, sur une estrade, autour d'une grande table couverte de drap vert, trois hommes sont assis. Leurs robes noires et leurs cravates blan- ches leur donnent un air ecclésiastique, mais leurs hautes toques galonnées d'or qui me rappellent les coiffures polonaises, dites des « confédérés », indiquent qu'ils sont serviteurs de Thémis. Une grande croix noire avec un Christ en plâtre blanc s'élève au-dessus de la tête des juges; un peu sur le côté, au niveau de la croix, un modeste buste de la République. Il n'a été admis ici qu'en 1878, et encore, combien

de protestations n'a-t-il pas soulevées !
Comme si la présence de cette respectable
Dame gênait en quoi que ce soit le cours
de la justice ou si elle la compromettait !
Toujours est-il qu'elle s'est enfin installée
là et, aujourd'hui, la justice se rend sous
son œil vigilant. A droite, un tout jeune
avocat, en robe aussi et en toque noire, ce
qui lui donne un aspect assez comique,
gesticule avec ardeur, en se tournant vers
son client. A gauche, le procureur, qui
regarde devant lui d'un air indifférent. Sur
les bancs, le public cause tout bas.

C'est la police correctionnelle.

— Prévenu, levez-vous ! Votre nom ?...
votre profession ?... votre âge ?... interroge
le président du ton d'un homme très affairé
et très pressé.

Le prévenu, d'une cinquantaine d'années, correctement vêtu, pour toute réponse, sanglote doucement, le visage caché
dans son mouchoir.

— Vous êtes horloger, vous n'avez jusqu'ici commis aucun délit. Mais ces derniers temps, vous aviez beaucoup de mon-
tres de vos clients en dépôt chez vous, et
vous les avez engagées au Mont-de-Piété.

Reconnaissez-vous votre culpabilité? continue le président.

— Oui, mais... mais... mais..., et de nouveaux sanglots.

— Sacré nom, me dit à l'oreille mon voisin, si l'on veut juger un homme pour cela, alors c'est la moitié de Paris qu'il faudrait envoyer en correctionnelle. Moi, tout le premier, je fais comme lui. Quand les échéances arrivent, nous autres, petits commerçants, nous perdons la tête ; si l'on ne paie pas, on vous déclare en faillite. Donc, pour éviter la faillite, on est forcé d'envoyer *au clou* des objets qui ne vous appartiennent pas. On les dégage ensuite et on les rend au propriétaire. Ça n'a rien de malhonnête, ça !

Une longue file de témoins à charge soutiennent l'accusation sur tous les points. Les pièces à conviction, les reconnaissances sont là.

Le procureur récite son réquisitoire, comme une leçon apprise par cœur, invoque « l'honnêteté française, » l'abus de confiance dont de pauvres gens sont victimes et s'assied derechef en attendant de nouvelles proies. Alors, se lève le défenseur qui, dès les premiers mots, se grise de sa propre éloquence. Tantôt ses paroles expirent sur ses lèvres, tantôt il enfle la voix, et ce ne sont que déclamations et poses théâtrales : brusques sursauts, attitudes classiques, expressions d'effroi, ton emphatique, le tout gesticulé désespérément. Tel est le procédé familier aux avocats français. Au bout d'une heure d'un « travail » pareil, l'orateur doit être plus fatigué qu'un bon ouvrier après toute une journée de labeur.

En police correctionnelle, la présence de la défense n'est pas obligatoire. Aussi, pendant que l'avocat crie et se démène comme un possédé, les juges causent entre eux à mi-voix, sans prêter aucune sorte d'attention à sa plaidoirie. Souvent même le président rédige l'arrêt tandis que l'autre plaide. Le public n'écoute pas non plus et tâche de deviner d'avance l'arrêt qui sera prononcé.

Le public des tribunaux parisiens est tellement caractéristique qu'il mérite une petite description. Il se compose de deux classes de gens. Les premiers sont des cambrioleurs, des voleurs et même des assassins.

L'individu, qui a été jugé hier, vient au-

jourd'hui assister au jugement de son ami.
Souvent, le prévenu, en pénétrant dans la
salle et en jetant un coup d'œil dans le public, trouve là réunie une société de ses
amis; il leur envoie des sourires et échange
des signes d'amitié. A quoi on lui répond du
public par d'autres sourires encourageants
et des saluts de mains. L'autre classe du
public se compose des amateurs. Ce sont,
pour la plupart, des vieux rentiers qui,
n'ayant rien de mieux à faire, viennent
tous les jours au Palais de Justice, régulièrement, à la même heure, comme à leur
bureau. Avant la séance ils se promènent
dans les couloirs, stationnent près des
groupes d'avocats et glissent leurs observations au milieu de la conversation; ils donnent des conseils désintéressés aux personnes qui sont en procès, engagent des
dissertations solennelles entre eux. Tous
ces Messieurs se connaissent parfaitement.
Si vous venez deux ou trois fois de suite
au Palais de Justice, ils vous reçoivent
comme un des leurs. Quelques-uns de
ces originaux qui vont chaque jour,
depuis des dizaines d'années, au Palais,
finissent par entrer en relation avec des
juges et, en vertu de leur ancienneté, ac-

quièrent le droit d'occuper une place derrière le tribunal.

Un jour, un jeune procureur, récemment
nommé, eut l'idée de leur enlever leur privilège. Les vieillards furent profondément
indignés ; ils tinrent conseil et adressèrent
au président une plainte collective ainsi
conçue : « Depuis vingt ans plusieurs vieillards ont l'habitude d'assister tous les jours
aux séances des assises ; grâce à quoi ils
sont connus de tous les avocats et des
juges du tribunal. A la dernière séance,
sous la présidence de M. Buchères,
M. l'avocat général Lefèvre-Vieufville a
eu l'étrange idée d'interdire l'entrée du
prétoire à ces braves gens, sous le prétexte
qu'ils peuvent influencer les juges. Jusque-
là tous les présidents leur permettaient de
satisfaire leurs goûts qu'on peut certainement apprécier d'une manière ou d'une
autre... Cette nouvelle s'est immédiatement répandue, et tous les avocats présents
à la séance en ont été stupéfaits ; car, con-
naissant les jurés, soupçonnés d'attendris-
sement facile envers les accusés « ces braves
gens » ne dissimulaient pas devant eux que
lorsque ces jurés seraient désignés par
le sort, ils les signaleraient à l'accusation

8

pour qu'elle les récuse. Et ce sont ces gens-là que M. l'avocat général fait écarter du Palais ! Il faut convenir que l'idée qu'il a eue est bien étrange : ce qui suit le lui montrera encore plus clairement.

« Les vieillards en question ont leurs places attitrées au Palais, la chose est si bien connue qu'à leur entrée, ces places, si elles sont occupées, leur sont cédées immédiatement. Il est vrai qu'ils se trouvent voisins des jurés et même mêlés aux jurés qui ne siègent pas. Mais M. le procureur ne sait-il point que leur présence est plutôt une garantie du bon fonctionnement de la justice, car ils empêchent la défense de communiquer avec les jurés dans les cas où ces derniers sont appelés à rendre leurs arrêts en des affaires auxquelles les défenseurs sont intéressés de très près. Au nombre de ces vieillards se trouvent deux anciens négociants, un ancien architecte, un capitaine d'infanterie en retraite et un ancien artiste dramatique, venu de Russie.

« Aussi la mesure qui a été prise paraît-elle aller à l'encontre du but que M. l'avocat général se proposait d'atteindre, et nous nous permettons d'espérer que les

présidents futurs seront plus libéraux que
M. Buchères et laisseront ces braves gens
profiter, comme auparavant, du privilège
qui leur a été reconnu jusqu'à aujour-
d'hui »...

Mais retournons à la salle du tribunal
correctionnel.

Le défenseur a terminé. Les juges sortent de leur léthargie, échangent quelques
mots à voix basse et deux minutes après,
l'arrêt est rendu : le pauvre horloger est
condamné à trois semaines de prison pour
escroquerie.

Ce n'est pas beaucoup, direz-vous. Oui,
ce ne serait pas beaucoup, si une condamnation du tribunal ne pesait pas avec cette
lourdeur écrasante que l'on sait sur
l'homme qui a failli une fois dans sa vie.
Cet arrêt le poursuit comme un cauchemar jusqu'au tombeau. Non seulement
l'accusé est privé de ses droits civils pendant deux ans, mais le voilà qualifié d'es-
croc et de voleur pour le reste de sa vie.

Ainsi, dans un procès de presse, le président interrogeait le prévenu, un ouvrier
âgé, en ces termes :

— Prévenu, vous êtes accusé d'avoir

publié tel article. Du reste, vous avez déjà subi une condamnation pour vol.

— Monsieur le président, répondit le vieux, profondément ému, j'ai été abandonné par mes parents lorsque j'avais douze ans. Affamé et en guenilles, j'ai volé alors un morceau de pain. Quarante ans se sont écoulés depuis ce temps-là, j'ai des enfants adultes dont j'ai fait d'honnêtes gens. Toute ma vie s'est passée dans le travail et dans les privations, et sur cette vie, hormis le fait que vous me rappelez, il n'y a pas une seule tache.

Le président ne répondit rien. Il n'avait pas le temps de s'arrêter à de pareils détails. Au cours d'une séance il examine une quarantaine d'affaires et presque toujours il condamne. Ce n'est que tout récemment qu'il est passé une loi, — appelée, d'après le nom de son initiateur, la loi Bérenger — en vertu de laquelle les juges ont la faculté de dispenser de sa peine un prévenu qui vient pour la première fois devant le tribunal. Au bout de quelques années et s'il n'y a pas récidive, l'arrêt même devient nul et n'est pas inscrit au casier judiciaire de l'accusé.

Voilà certainement qui est bien. Néanmoins l'opinion publique s'obstine à considérer comme un lépreux tout homme qui a passé en jugement.

L'origine de ces tribunaux correctionnels date du second Empire. Le jury était la bête noire de Napoléon III : il manquait de la souplesse et de la complaisance nécessaires : coûte que coûte, il fallait l'abroger. Mais supprimer d'un trait de plume une institution dont toute l'Europe civilisée s'honore, paraissait quelque peu exorbitant. Il fallait trouver quelque chose de plus adroit. C'est alors que fut créé le tribunal correctionnel. Quelles affaires sont du ressort de sa juridiction, on peut en juger par l'énumération de ses diverses sections. Il y en a onze. Les sept premières s'occupent d'affaires civiles : parties civiles, testaments, affaires conjugales, etc. La huitième section juge les délits de presse, de falsification, d'entretien de maisons de jeu ; la neuvième, les résistances contre l'autorité de la police ; la dixième et la onzième s'occupent aussi des délits de rébellion contre les agents de police et d'autres délits, comme ceux de la violation des règlements sur la chasse, la pêche et des prescriptions de police.

X.

Les affaires de vol, d'escroquerie, d'adultère, sur lesquels une instruction préalable est ordonnée, sont transmises, sur la demande du procureur général, à l'une de ces quatre dernières sections correctionnelles. Le procureur recourt à ce moyen, dans tous les cas où il redoute un verdict négatif du jury.

Le tribunal correctionnel qui se composait des créatures de Napoléon III, fit de la condamnation un principe. Les arrêts sont particulièrement sévères dans tous les cas de résistance ou d'outrages aux agents. Il est impossible de trouver un seul acquittement qui se soit produit dans un pareil cas. Pour donner au lecteur une idée de ces procès, je citerai une aventure qui est arrivée à l'un de mes compatriotes.

Dans les derniers jours de la présidence de feu Mac-Mahon, un jeune homme russe qui, remarquons-le bien, ne parlait point français, venait à Paris. Le lendemain de son arrivée, il se rendait avec un de ses compatriotes (un écrivain connu), à une conférence publique. A l'entrée, un différend se produit, je ne sais plus à quel propos, entre le public et la police ; plusieurs personnes sont arrêtées. Parmi celles-ci se trouvait, à son grand étonnement, le Russe nouvellement venu. Avec la conviction que le malentendu serait vite expliqué, il suit docilement les agents, qui, chemin faisant, lui administraient quelques bonnes bourrades. Le pauvre voyageur indigné, battu et les habits en désordre, se présente devant le commissaire de police, en répétant sur tous les tons :

— Russe. Russe... (C'était le seul mot français qu'il savait).

Mais pour toute réponse à ses lamentations, le commissaire le fait enfermer au violon. Après quelques jours d'emprisonnement, on l'amène devant le tribunal.

Figurez-vous sa stupéfaction, lorsque là, il apprend, par l'intermédiaire d'un interprète, qu'il est accusé d'avoir frappé et injurié par telles ou telles expressions les agents de police. Deux agents citaient même les termes dont il se serait servi pour les insulter.

Deux agents ! voilà les témoins.

Le prévenu n'était pas encore revenu de sa stupéfaction qu'il était condamné à trente jours de prison avec travail obligatoire.

— Si je les avais au moins rossés, ces canailles-là ! disait plus tard mon compatriote. Venir à Paris pour voir l'exposition et, au lieu de cela, me voir coffrer ; joli agrément tout de même !...

Aussitôt sorti de prison, il repart en Russie. Depuis on ne l'a pas revu à Paris. Après la peur qu'on lui a faite, aussi !

Ainsi agissent les tribunaux correctionnels dans toutes les affaires concernant les différends du public avec la police.

Maintenant faisons connaissance avec les clients habituels de ces tribunaux.

Au banc des prévenus est assis un vieillard déguenillé, aux cheveux gris, un adepte de Bacchus, à coup sûr. Il est tout à fait à son aise et de temps en temps cligne des yeux. Il semble dire au public : « Regardez, la représentation commence... »

— Prévenu, quelle est votre profession ?

— Je suis professeur.

— Je vous prie de ne pas plaisanter, vous n'êtes pas ici sur une scène. Que faites-vous de votre métier ? Quelle est votre profession ?

— Je suis professeur.

Le président devient tout rouge d'indignation.

— Professeur de quoi?

— D'une science qui n'est pas déjà si commode.

— De quelle science, alors?

— De la science du dressage des puces.

— ? (La figure du président s'écarquille comme un point d'interrogation.)

— Oui, de la science du dressage des puces; je dresse les puces : c'est plus difficile que juger.

— Mais vous vous occupez de vol aussi?

— Oui, à mes moments perdus.

Le « professeur » est accusé d'avoir volé des lapins ; le délit est prouvé et confirmé par son propre aveu. Suit l'arrêt : six mois de prison.

Le prévenu sort avec un grand air de dignité, comme un comédien qui a bien joué son rôle.

Les professions des prévenus sont des plus étranges et demandent, pour être comprises, à être entourées de commentaires. L'un d'eux, par exemple, à la question : quel est son métier? répond :

— Je suis aspergeur de pattes de dindes.

Voici en quoi consiste ce métier : la volaille destinée à être truffée doit être une jeune volaille. Or, les jeunes dindes ont leurs pattes marquées d'une multitude de petites taches noires. Aussi est-ce toute une profession que de rajeunir les vieilles dindes. Un autre s'occupe de peindre les lapins. C'est une profession également. Après la clôture de la chasse, les braconniers peignent les lapins qu'ils prennent afin de pouvoir les faire passer, à l'octroi, pour des lapins domestiques. Souvent, à la question : quelle est sa profession ? le prévenu répond tout franchement : « Je suis voleur » ou « cambrioleur », etc. Tous ces individus forment, pour ainsi dire, « la classe criminelle », dont c'est la profession de vivre de vol et de cambriolage. Le contingent principal s'en recrute dans ce qui compose non seulement le rebut de Paris, mais celui de la France entière. Paris ressemble à une éponge colossale qui absorbe tout ce qu'il y a en France de bon et de mauvais. Quoi qu'il en soit, cette classe de criminels prospère exclusivement au sein de cette capitale du monde, dont ils constituent la plaie et le déshonneur.

Les gens de cette catégorie sont pour la plupart des souteneurs. Leurs figures sont pâles et imberbes; leurs yeux caves ont des regards rapides d'un objet à l'autre. Leur costume se compose d'un pantalon bleu, d'un gilet noir et d'un veston bleu; ils portent autour du cou un foulard de couleur. Leurs cheveux sont toujours bien peignés et pommadés, une casquette de soie noire « à trois ponts » renversée coquettement sur la nuque. Telle est la tenue du voyou parisien. Devant le tribunal, ce voyou se montre insolent et effronté. C'est l'homme déchu qui, tôt ou tard, finira à la guillotine, s'il ne meurt pas avant de phtisie. Mais ce qui distingue le voyou parisien de tout autre, c'est son intelligence relative. Dans ses discours, vous trouverez souvent, à côté d'un cynisme révoltant, des traces d'une protestation des plus énergiques contre les conditions sociales qui l'ont amené jusqu'à la honte et jusqu'au crime. Le milieu social perd très souvent des natures bien douées, des enfants surtout.

Voici, par exemple, au banc des prévenus, un frêle garçon de douze ans. Par les trous de son pantalon de toile déchiré, on aperçoit ses genoux maigres à la peau basanée. Ses yeux noirs ont un regard si

suppliant et si timide que même le juge
sévère en est ému.

— Tu as volé? lui demande-t-il.

— Monsieur, j'ai pris une paire de pan-
toufles à l'étalage d'une boutique.

— Pourquoi l'as-tu fait, mon enfant?

— Monsieur, je n'avais pas de souliers.

— Ta famille ne te donne donc pas de
souliers?

— Je n'ai pas de famille, moi. Maman
est morte.

— Et ton père?

— Il est parti on ne sait où. Je vivais
chez Mᵐᵉ Bâton, qui était pour moi une
vraie mère.

— Pourquoi donc n'es-tu pas resté chez
elle?

— Je ne pouvais pas, Monsieur; Mᵐᵉ Bâton est vieille et malade. J'aurais pu travailler pour l'aider; mais j'ai une tante qui
ne voulait pas. Elle me réclamait, il fallait
obéir.

— Chez ta tante tu devais avoir une
bonne conduite.

— Je n'aurais pas mieux demandé, mais
elle me battait pour un « oui » et pour un
« non ». Alors je me sauvais et je rôdais
dans les rues. Quand je rentrais, ma tante

me battait plus fort et quelquefois mon oncle aussi. Alors je me sauvais de nouveau.

Le président déclare que l'examen médical a montré que le corps du prévenu était couvert de nombreuses marques de coups.

Si le petit Drifo n'avait pas eu une figure aussi sympathique, s'il avait eu une voix éraillée ou s'il eût été d'un caractère moins expansif, il n'aurait pas attiré l'attention du juge, il risquait d'encourir le sort des enfants abandonnés. On en arrête, à Paris, plus de deux mille chaque année. S'ils ne sont pas accusés de vol, on les garde plusieurs jours dans la prison des enfants (au Palais de Justice, sous l'escalier), puis on les relâche et ils se dispersent de tous les côtés ; ensuite on les arrête de nouveau et ainsi de suite, jusqu'à ce qu'ils commencent à voler. Alors on les envoie dans les maisons de correction d'où ils sortent bandits déjà et coquins expérimentés.

En 1878, il a été arrêté, à Paris, pour mendicité et pour vagabondage, 770 enfants âgés de moins de douze ans, et 1286 enfants âgés de 12 à 16 ans. De ces 2,056 enfants, 1,278 étaient arrêtés pour la première fois,

325 pour la deuxième, 196 pour la troisième, 107 pour la quatrième, 83 pour la cinquième, 27 pour la sixième, 12 pour la septième, 6 pour la huitième, 9 pour la neuvième, et 13 pour la dixième fois. Pas un d'entre eux n'avait encore été accusé de vol, mais resteront-ils encore longtemps honnêtes dans de pareilles conditions?

— Te trouves-tu bien ici? demandait un visiteur à une fillette, incarcérée dans la prison des enfants.

— Oh, oui! Monsieur. Ici on donne à manger tous les jours.

Le président du tribunal (M. Brison de Barneville) s'apitoya sur le sort du petit Drifo et ajourna l'affaire à huitaine. Durant cet intervalle, la presse s'en occupa. Drifo devint le héros du jour et une foule de bienfaiteurs proposèrent au tribunal de se charger de son éducation.

A la séance suivante Drifo comparaissait de nouveau devant ses juges, et le président lui déclarait que le tribunal l'acquittait et qu'il le mettait sous la tutelle de tel bienfaiteur qui se chargeait de son éducation.

— Vous saurez mériter ce bienfait, n'est-ce pas?

— Oh, oui, Monsieur ! Je vous remercie de tout mon cœur, Monsieur.

Des scènes pareilles sont pourtant très rares aux tribunaux de Paris. Le juge suit la loi à la lettre et, en dehors du texte, ne s'inquiète de rien. Le sort des enfants abandonnés est bien triste. L'État ne faisait rien pour eux jusqu'à ces temps derniers et la bienfaisance privée est encore trop faible. Dernièrement la direction de l'assistance publique a un peu humanisé cette institution, mais auparavant, l'assistance publique ne prenait soins des enfants (et cela encore à la condition qu'ils n'aient pas atteint l'âge de douze ans) que s'il s'agissait d'un enfant naturel, ou resté orphelin de parents morts de mort violente; l'abandon d'un enfant par ses parents pour cause de misère n'était pas admis.

Ces conditions furent la cause d'un suicide qui a fait un grand bruit, il y a quelques années. Un serrurier, père de plusieurs enfants en bas âge, s'était pendu, après avoir écrit sur la porte de sa mansarde le testament suivant : « Voilà l'œuvre de la société actuelle. Puisque la mort du père est indispensable pour que les enfants puissent recevoir un secours, ce père est mort. C'est lâche de mourir d'une mort pareille, à l'âge de trente-cinq ans, dira-t-on ; je crois plutôt agir honnêtement. Le père était un obstacle et il a disparu. Que la Providence vous aide à sortir de la misère. Nous nous reverrons dans l'autre monde. Courage ! »

Le mendiant est un des types les plus fréquents parmi les clients de la correctionnelle. Voilà un pauvre homme qui a travaillé honnêtement toute sa vie et gagné son pain tant bien que mal. Son passé est intact, il n'a jamais commis de faute, ne s'est rendu coupable de rien. Mais voilà que la vieillesse arrive avec ses maladies et ses infirmités. Travailler, il ne le peut plus, il le voudrait bien, mais personne ne l'embauche. Aux Halles on choisit les ouvriers jeunes et robustes. Un ouvrier quadragénaire n'est déjà engagé qu'à contre-cœur. Celui qui a le plus de courage sait bien trouver un remède à sa malheureuse position : il se noie ou il se pend, il s'asphyxie avec un réchaud de charbon.

Ces suicides sont très fréquents. On en trouve tous les jours la relation dans les journaux. Le plus grand nombre de suicides en France est fourni par la classe ouvrière. Mais tout le monde ne se résigne pas à mourir. Beaucoup vont mendier, oubliant que la mendicité est poursuivie par les lois françaises aussi durement que le vol. Tous les ans, défile devant les tribunaux français une armée de vingt mille mendiants. Là aussi le juge est impitoyable et rend un arrêt sévère.

Écoutez le récit des misères de l'un de ces « criminels ». C'est un ouvrier, arrêté pour mendicité, qui s'explique : « Je rentrais à Paris de province où j'avais travaillé en hiver, je n'avais plus d'argent. Près de Saint-Denis, en chemin, j'ai rencontré le patron d'une usine à vapeur qui consentit à m'engager comme ouvrier ; j'en étais bien heureux et je rêvais déjà de faire quelques économies. Mais j'étais mal vêtu. Le même jour, les ouvriers dirent au patron qu'ils avaient vu des insectes sur mon linge et lui déclarèrent qu'ils ne voulaient pas travailler en ma compagnie. On me donna vingt sous et on me congédia. Deux jours après je fus arrêté, à Paris, pour mendicité. »

C'est dans cette armée de la misère que se rencontrent aussi quantité de délits contre les mœurs, surtout celui de provo-

cation de mineur à la débauche. Ce sont
souvent les parents eux-mêmes qui détour-
nent leurs enfants ; plus souvent encore ce
sont des entrepreneurs spéciaux. Les victimes sont des fillettes de huit à douze
ans, et les acheteurs, de vieux riches et de
jeunes boulevardiers.

Il est pénible de s'arrêter sur les tableaux
de misère, de dégradation et de débauche,
qui se déroulent au long des débats judiciaires. Je noterai seulement une particula-
rité caractéristique dans ces sortes d'affaires. Les enfants qui figurent dans ces
procès sont déjà souvent dépravés jusqu'à
la moelle des os ; souvent aussi ils semblent
s'enorgueillir de leur rôle.

Voici quelques faits que je prends au
hasard. Trois femmes étaient jugées à la
dixième chambre correctionnelle pour
excitation de fillettes mineures à la débauche. Le plus révoltant dans cette affaire
était que l'une de ces femmes, une certaine
femme Dufour, exploitait sa propre fille.
Une dizaine de fillettes défilent devant le
tribunal, avec des manières effrontées et
indécentes qui justifient les paroles d'un
des défenseurs : « Des enfants pareilles
n'avaient pas besoin d'être détournées,

elles s'entendaient parfaitement, elles-mêmes, à l'affaire ».

Le tribunal condamne les deux premières femmes à 13 mois de prison et à une amende de 50 francs, et la femme Dufour à 2 ans.

Mais les tribunaux parisiens ne sont pas toujours si tristes. Le criminel français est loin d'être d'humeur sombre ; il sait égayer, par une plaisanterie ou par un calembour, les tableaux les plus noirs ; il reste toujours français d'humeur. Les avocats et même souvent les juges se plaisantent les uns les autres, n'oublient jamais qu'ils se trouvent devant un public et que le public aime à être amusé. Un avocat, par exemple, explique dans son discours la manière dont son adversaire a tiré sur son client. Dans l'ardeur de son improvisation, il répète tous les gestes de celui qui a tiré et, comme lui, il fait mine de viser.

— Monsieur l'avocat, remarque malicieusement le président, veuillez tirer à côté, autrement vous pourriez blesser les juges.

L'avocat eut la présence d'esprit de répondre :

— Soyez tranquille, fit-il, l'arme n'est pas chargée.

Autre incident. Le discours de l'avocat est trop long. Le président le rappelle plusieurs fois à la question ; enfin, perdant patience, il lui dit d'un ton irrité :

— Le tribunal vous ordonne de terminer votre plaidoirie.

— Très bien ! Alors je termine par ces mots : que le tribunal veuille bien m'écouter jusqu'au bout. Et il continue. Ou bien encore, l'avocat répondant à l'invitation d'être plus bref, observe :

— Je tâcherai, Monsieur le président, mais alors je parlerai comme un petit négrillon : Moi innocent, lui coupable ; toi, bon juge, décide.

Le même sans-gêne à l'égard des juges se manifeste chez les témoins.

C'est aussi une des particularités inhérentes aux tribunaux français.

— Vous jurez, s'adresse le président à un paysan avec la formule officielle, vous jurez de parler sans haine et sans crainte..

Le paysan interrompt familièrement :

— Qu'ai-je donc à craindre, Monsieur le juge ?

— Laissez-moi finir.... De dire toute la vérité et rien que la vérité.

— Ça va de soi-même, Monsieur le juge.

— Je vous prie de ne pas raisonner et de jurer.

— Oui, Monsieur le juge.

— Dites : Je jure...

— Je dis...

— Ne dites pas : je dis. Levez la main droite et dites ce qui suit : je jure.

— Lever la main ?

— Oui, levez la main.

— Allons, voyons ! On ne veut donc pas me croire ici, quoi !

* *
*

Passons maintenant aux héros des assises. Devant nous défile une longue rangée des mêmes figures, nos vieilles connaissances, ceux-là même que nous avons déjà vus au banc de la correctionnelle. Seulement ils se sont « perfectionnés » en sens contraire. Des petits voleurs, des polissons qui étaient jugés pour avoir dîné au restaurant, sans avoir de quoi payer la note, sont devenus des assassins, des cambrioleurs ou des chefs de bande. Et tous sont jeunes. Les crimes les plus horribles qui plongent parfois toute la France dans l'effroi, tous ces « coups d'amateurs » sont commis par des adolescents de 17 à 18 ans. Il est vrai que le fait peut se présenter partout, mais nous parlons en général et non des exceptions. Et le cas de la France peut être formulé de la manière suivante : tandis que les crimes capitaux tels que l'assassinat, l'empoisonnement, l'incendie prémédité, diminuent en général, les mêmes crimes commis par les enfants augmentent et même dans des proportions colossales. Depuis quarante ans ils ont augmenté à raison de 200 0/0 ! On reste absolument stupéfait, lorsqu'on voit, sur le banc des prévenus, un faible garçonnet comme cet Ollivier dont nous allons parler et dont la main enfantine aurait dû être tachée d'encre plutôt que de sang, et de quelle sinistre tache !

Interrogé par le président sur son âge, il répond d'une voix flûtée : seize ans et demi. Il paraissait n'en avoir que douze. Agé de seize ans seulement et, pour voler, il a assassiné, en plein jour, sa tante qui le chérissait. Apprenant que sa tante est

seule, que sa domestique l'a quittée, il
vient chez elle à onze heures du matin.
La pauvre femme déjeunait et lui offre de
se mettre à table avec elle. L'assassin et
sa victime mangent à la même table et
causent gaiement. Après le déjeuner, elle
demande à son neveu de lui lire un journal du matin. Puis il sort pour un instant
dans la cuisine, y prend un rouleau qu'il
cache derrière son dos, revient ensuite
auprès de sa tante et continue sa lecture.
La vieille, qui ne se doute de rien, est
occupée à coudre. Tout à coup un terrible
coup à la tête la fait rouler par terre. Elle
pousse un cri. Une lutte s'engage, au cours
de laquelle le jeune Ollivier lui fracasse
le crâne. Son forfait accompli il s'approche de la fenêtre, s'assure que personne
dans la rue n'a rien entendu et se met en
devoir de dévaliser l'appartement. Mais
les voisins avaient perçu le bruit de la
chute du corps de la vieille. Ollivier entend
frapper à la porte. Il ne perd pas la tête :
il glisse son butin dans ses poches et se
cache dans la pièce voisine, derrière un
fauteuil, espérant filer tandis que l'on
s'empressera auprès de la vieille femme.
Mais son plan échoua : l'assassin fut pris.

Il fallait le voir devant le tribunal, ce gamin, tenant sa casquette de collégien à la main. Pas le moindre remords, pas le moindre regret, en face du crime qu'il a commis. On dirait qu'il est accusé d'avoir négligé ses devoirs d'école et non d'un assassinat. Il soutenait sa défense très habilement : il ne le niait pas, le crime, mais il ne reconnaissait pas la préméditation, malgré les preuves indubitables qui établirent qu'Ollivier avait prémédité son crime trois jours au moins avant de le commettre. A la lecture du verdict qui le frappait (vingt ans de travaux forcés), pas un muscle de sa figure ne bougea. La première chose qu'il fit, de retour à la prison, fut d'écrire à son père une lettre dans laquelle il lui demandait de lui envoyer des vêtements en tricot, etc., et où il n'exprime pas le moindre repentir. Et cependant son père l'aimait.

Deux semaines après le crime d'Ollivier, l'opinion publique était révoltée par toute une série de nouveaux assassinats exécutés dans les mêmes conditions, (un coup de couteau à l'artère carotide). En plein jour étaient assassinés la cabaretière Basingeaud, une marchande de journaux, Mme Joubert, et un épicier Lesserol.

La ressemblance frappante des circonstances qui accompagnaient ces crimes et la manière identique dont les assassins avaient agi firent croire que tous ces crimes avaient été commis par la même personne et provenaient de la même main « d'amateur ». Cette hypothèse fut bientôt confirmée. Seulement on constata que l'assassin n'était pas seul; les assassins formaient toute une bande organisée, composée de gamins, dont le plus âgé, le chef, avait 19 ans, et le plus jeune, 12 seulement. C'était la bande Abadie. Ce nom-là est aujourd'hui encore, après quatorze ans, présent à la mémoire de tout le monde, en France. La bande Abadie constituait une véritable association clandestine qui avait ses statuts, son hiérarchie et ses règles, auxquelles les membres obéissaient aveuglément. Le prestige de la personne du chef était si grand que, le prévenu étant emprisonné, ses subordonnés avaient encore peur de lui. Voici les articles principaux des statuts élaborés par Abadie :

Art. 1er. — L'Association se compose de quatorze membres dont douze hommes et deux femmes. Elle ne doit pas être plus nombreuse.

Art. 2. — Une fois qu'il fait partie de cette association, l'affilié ne peut la quitter qu'en cas où toute la bande serait dissoute. Il est obligé, toutefois, de garder, même dans ce cas-là, le silence le plus absolu. La violation de cet article sera punie de mort.

Art. 3. — Aussitôt le vol commis, les auteurs doivent changer de vêtements.

Art. 4. — La personne qui se joint à l'association est obligée de jurer sur un couteau de la servir fidèlement.

Art. 5. — Tous les membres sont obligés d'avoir une bonne tenue, de posséder plusieurs habillements, de n'avoir de relations qu'avec des gens honnêtes et jamais avec les voleurs.

Art. 9. — Tous les membres sont obligés d'avoir un métier fixe et de travailler d'une manière suivie, afin de gagner quelque chose et d'être toujours à même d'établir un alibi.

Art. 10. — Les membres de l'association ne doivent pas se fréquenter entre eux et sont tenus de ne pas se communiquer leurs vrais noms les uns aux autres.

Art. 11. — Ne pas avoir de maîtresses permanentes.

Art. 23. — Chaque membre touche six francs d'appointements par jour et dix francs sur mille francs voiés.

Art. 24. — Les membres arrêtés reçoivent deux francs par jour, par l'intermédiaire des femmes attachées à la bande.

Les autres articles recommandent aux affiliés de ne jamais sortir sans armes, de commettre l'assassinat d'une certaine manière et énumèrent d'autres précautions à prendre.

Faute de suivre ces prescriptions, les membres sont soumis à une amende de dix francs.

Au tribunal, on ne put établir que l'assassinat de la vieille Basingeaud. C'est pourquoi Abadie avoua avoir commis ce crime. Contre les autres accusations, il se défendait énergiquement. Mais ce crime-là était suffisant pour que les jurés rendissent un verdict entièrement affirmatif et condamnassent Abadie à la peine de mort. Le président de la République qui, en général, signait à contre-cœur les arrêts de mort — et ne laissait exécuter que les parricides — grâcia Abadie en raison de son jeune âge.

C'était bien ce qu'il fallait à ce misérable.

Toute sa conduite antérieure devant la justice n'avait été que comédie (il pleura même un peu pendant la plaidoirie de son avocat). Aussitôt, il changea de système. Son plus grand plaisir, à partir de sa grâce, fut de duper le juge d'instruction. Tantôt il le faisait venir, promettant de faire de graves révélations, et quand celui-ci venait, il prétendait avoir tout oublié ; tantôt il donnait des renseignements sur des assassins imaginaires, forçant la police à se remuer inutilement. Mais il ne tarda pas à paraître de nouveau sur le banc des prévenus. L'assassin de Lesserol était trouvé. Il s'était présenté au poste et s'était livré lui-même en disant que le « spectre du pauvre Lesserol lui faisait tourner la tête et le poursuivait sans cesse ». L'assassin était cette fois encore un gamin, Knobloch, âgé de dix-sept ans. Il intitula ses dépositions : « Mémoires d'un jeune homme » et il n'est pas sans intérêt d'en citer ici quelques passages. Le côté le plus remarquable consiste en ce que l'auteur se considère non comme un simple misérable et comme un assassin, mais comme un héros romanesque, un « jeune homme », à qui il appartient

d'écrire des « mémoires ». C'est là le trait
commun de tous les jeunes criminels français ; tous ont l'imagination exaltée, tous
se considèrent comme des héros, tous
posent d'une manière ou d'une autre devant la justice, font des « poésies » ou des
« mémoires ».

En étudiant, au point de vue anthropo-
logique, les crânes d'assassins et de suicidés, l'auteur eut, un jour, l'occasion de
lire, aux archives du Musée d'histoire na-
turelle, les documents relatifs aux criminels guillotinés (au commencement du
XIXe siècle surtout). Presque tous faisaient
des poésies ou écrivaient des mémoires.
L'un, par exemple, un jeune homme de
dix-huit ans, laissa tout un cahier de poésies qu'il a écrites dans sa prison, presque
à la veille de sa mort. Il n'avait aucun
parent, aucun ami en ce monde et il
adressa son œuvre, rédigée dans un style
maladroit, mais qui ne manquait pas de
chaleur, au médecin qui devait assister à
son exécution. Ce cahier jauni par le
temps, couvert d'une écriture en pattes de
mouche, m'a profondément ému. A mon
regret, j'ai oublié le nom du malheureux
auteur, mais je me rappelle bien qu'il fut

exécuté en 1820. Je retourne, du reste, à Knobloch. Voici comment il commence ses mémoires :

« Je suis né par une matinée d'avril en 1862, dans une famille de braves et honnêtes gens. Dès ma plus tendre enfance j'étais adoré de mes parents dont j'étais l'enfant unique. Mon père était journalier, ma mère faisait son ménage ; elle était rangée et économe. J'étais donc élevé dans une famille honnête et laborieuse qui me punissait pour la moindre faute.

Quand j'eus quatre ans, on me mit à l'école des sœurs. Quelque temps après, en sortant de l'école, je me suis égaré dans Paris ; ma mère fut au désespoir, je ne pus trouver mon chemin pour rentrer chez nous.

On me ramassa et on m'emmena à la préfecture où, huit jours après, mes parents me trouvèrent. »

Vous voyez avec quel soin l'auteur des mémoires cherche à nous narrer sa biographie aussi exacte et détaillée que possible. Un homme qui se repent d'avoir commis un crime ignoble a-t-il le temps de penser à des futilités pareilles ? Maintenant écoutons ce qu'il raconte sur son crime.

« Je travaillai jusqu'à 5 ou 6 heures du soir ; de là je suis allé à Vincennes pour voir ma mère. Dans la rue du Rendez-vous je me croisai avec la voiture du garçon épicier Lesserol que je connaissais depuis quelque temps. J'étais alors âgé de 16 ans et demi. Je lui demandai s'il voulait bien me laisser monter dans sa voiture. Je ne sais pas quelle heure il était alors. Au bout de la rue du Rendez-vous je l'invitai à prendre avec moi un verre de vin, après quoi nous remontâmes dans la voiture. Lesserol, tapant de la main sur son sac, me dit :

— Tenez, il y a plus de 2.000 francs là dedans !

Alors je me mis à méditer le projet de lui voler son argent. Je ne pus inventer rien de mieux que de le tuer. J'ouvris donc mon couteau dans la poche de mon pantalon et lui portai un coup à la gorge. Il tomba à la renverse dans le fond de sa voiture (c'était une voiture couverte) en s'accrochant à moi. Cela me força de le frapper encore une fois afin qu'il me lâchât. Ensuite je descendis de la voiture et j'allai rue St-Antoine où je changeai un billet de cent francs. Je couchai chez moi, et le lendemain je me rendis à mon travail comme tous les jours. »

Je disais que Knobloch se présenta et se livra à la justice lui-même. On pourrait donc croire que ses dépositions étaient sincères. Il se trouva, cependant, qu'en fait, elles étaient fausses d'un bout à l'autre. La vérité se réduit à la participation que Knobloch prit effectivement au crime. Mais ce n'était pas lui qui avait tué. Il fut établi dans la suite que les coups avaient été portés par Abadie et que Knobloch tenait le cheval. Après avoir longtemps nié, Knobloch le reconnut enfin.

Quel intérêt donc trouvait-il à jouer toute cette comédie ? Si les remords le tourmentaient effectivement, il aurait dû dire toute la vérité. Mais Knobloch ne dénonça que lui-même.

Il revint plus tard sur toutes ses dépositions, prétendant avoir menti pour être déporté à Cayenne. Mais il était déjà trop tard. Knobloch ne pouvait vraiment pas s'imaginer qu'il parviendrait à sauver sa tête par ce moyen. Pourquoi donc cette palinodie tardive ? Abadie écrivit, en prison, des mémoires intitulés « l'Affaire de St-Mandé », dans lequels il a fait, sur un ton assuré

d'homme célèbre, le portrait de Knobloch.
A l'entendre, ce dernier s'était toujours
montré « un personnage négligent, sans
grandes passions ni grande volonté, grâce
à quoi il peut se laisser entraîner aussi bien
du mauvais que du bon côté. Il n'est pas
assez hardi pour faire un coup seul sans
l'aide de quelqu'un. »

Abadie insistait sur ce que Knobloch
s'était dénoncé « pour se vanter. » Toutes
les circonstances de cette affaire prouvent
que telle est en effet la vérité. Les lauriers
d'Abadie empêchaient l'ambitieux Knobloch de dormir ; c'est pourquoi il se dénonça. Mais en prison, il subit de nouveau l'influence d'Abadie et démentit ses
propres dépositions, lors du procès. L'attitude de ces deux misérables, durant les
débats, indigna tous les assistants. Ils se
posaient en triomphateurs, se moquaient
impudemment des juges, causaient gaiement entre eux et regardaient le public
du haut de leur grandeur.

— Pourquoi, demanda le président à
Abadie, avez-vous accusé, pendant l'instruction, tantôt l'un, tantôt l'autre ?

— Pour m'amuser, répond effrontément
le prévenu qui paraît devant le tribunal
dans le costume d'un condamné à mort.

Bien plus, en pleine salle des séances, Abadie jeta dans la tribune des journalistes une lettre qu'il demandait que l'on publiât. Dans cette lettre, très adroitement composée, il se moquait de la justice. En niant, en apparence, le crime dont toute la bande était accusée, il laisse en même temps entendre très clairement que l'affaire ne semble être embrouillée que grâce « à la stupidité du juge d'instruction et de l'administration de la prison ». « Nous sommes innocents, écrivait-il, mais si nous étions même coupables, nul doute que, tout imbéciles que nous soyons, nous aurions toujours su trouver un moyen pour nous apprendre tout ce qu'il nous était utile de savoir (pour nous concerter) et cela de la propre bouche de ces gens dont le devoir est de nous surveiller. »

Le soin de sa gloire, voilà tout ce qui intéresse Abadie. Avec quelle fierté parle-t-il de « sa bande », de ce que Knobloch « se venge » de lui, parce qu'il avait refusé de l'affilier et qu'ainsi il avait blessé son amour-propre !

L'affaire Abadie est intéressante, entre autres, par cet épisode typique. Abadie

était figurant dans la pièce de Zola « l'Assommoir ». Aussitôt que la chose fut
connue, plusieurs journaux s'empressèrent
d'affirmer le plus sérieusement du monde
que c'était le « théâtre naturaliste » qui était
la cause de tout le mal. On alla si loin que
Zola crut devoir se justifier publiquement.
Dans sa lettre publiée au *Voltaire*, on lit :
« Il me semble que jamais encore rien
de plus ridicule n'avait été écrit : « Son
école a déjà porté des fruits ». Décidément,
c'est un chef-d'œuvre. Il ne manque plus
que l'auteur prétende que les assassins
sont venus me consulter avant de se rendre à Montreuil. J'aurais dû le reconnaître
dans l'intérêt de la justice !... »

Les œuvres d'Emile Zola n'y sont pour
rien, c'est évident. Mais que certaine littérature malsaine exerce une mauvaise
influence sur les jeunes cerveaux, enclins
déjà par eux-mêmes à prendre une mauvaise direction, c'est indubitable. Prenez
le feuilleton de n'importe quel journal
parisien, ceux de préférence dont le
peuple fait sa lecture : *le Petit Journal, la
Lanterne*, etc. Les héros de ces feuilletons sont toujours des assassins, des
brigands, des cambrioleurs qui commet-

tent avec bonheur leurs exploits sanglants, déjouent la police et sont doués des plus belles qualités de l'esprit et du cœur. Un assassinat réel est-il à peine commis, aussitôt voilà les journaux qui brodent sur ce sujet les détails les plus romanesques; on publie le portrait de l'assassin, on communique les informations les plus authentiques sur son attitude, ses moindres gestes en prison et devant la justice. S'il dit quelque chose de spirituel, s'il accomplit quelque acte extraordinaire, s'il marche courageusement à l'échafaud, tout Paris l'en félicitera, on parlera de lui avec estime, car le Parisien est un grand amateur de choses extraordinaires et prêt à pardonner beaucoup pour le plaisir qu'on lui a donné.

Rien donc d'étonnant si, avec la certitude d'un auditoire aussi bienveillant, l'assassin affiche à plaisir sa cruauté et son courage. Si ma mémoire ne me trahit pas, ce fut Menesclou qui, une fois en prison, s'informa tout d'abord si « ses portraits étaient vendus dans les rues? » Lemaire (âgé de dix-huit ans) qui tua la fiancée de son père et une de ses ouvrières, sans avoir aucun motif d'ailleurs, disait au tribunal:

—Je voulais tuer non seulement ma future belle-mère, mais encore sa fille et ses deux servantes. Mais, ajouta-t-il en souriant, il vaut mieux faire un quart de l'ouvrage que de n'en rien faire du tout.

En disant cela il se donnait des airs de matamore et rejetait fièrement la tête en arrière. Dans sa défense il assurait gaillardement: « Vous êtes obligés de me faire exécuter, vous y êtes obligés parce que je vous ai frappés d'horreur. Et il serait immoral de voir un enfant de dix-huit ans tenir en échec la justice de son pays. L'échafaud est la pierre de touche du courage. Eh bien ! essayez donc de m'arracher un cri de douleur si vous êtes incapables de m'arracher un mot de repentir ! »

J'avais entre les mains le crâne et le modèle de plâtre moulé sur la tête de Lemaire. C'est une figure des plus caractéristiques de la classe dite criminelle. Avec un crâne relativement petit et rond, la partie inférieure du visage est gauche et lourde ; les joues sont grosses et gonflées, et les yeux petits ont gardé, même dans la mort, leur expression dédaigneuse et méchante. C'est évidemment avec cette expression qu'il est mort. Feu le professeur

Broca fit l'autopsie de l'exécuté et trouva sur son cerveau les traces d'une méningite chronique très développée. Les membranes du cerveau ont fortement adhéré à la voûte du crâne, et le crâne présente d'indiscutables indices d'un arrêt de développement. Des anomalies semblables ont été observées, par Broca, sur le cerveau de Prévost, de Menesclou et d'autres assassins.

L'auteur des lignes présentes (1), en étudiant les crânes de 54 assassins, trouva également sur ceux-ci différentes lésions pathologiques et des arrêts de développement. Il ne s'ensuit point qu'on ne puisse trouver des lésions semblables dans le cerveau et sur le crâne d'individus qui ne sont nullement des assassins, que ces lésions soient fatalement inhérentes à une criminalité déterminée. Ces faits ont une signification beaucoup plus grande. Ils démontrent que dans les conditions sociales actuelles, grâce à la mauvaise nutrition, à l'anémie et à l'alcoolisme des parents, aux mauvais soins que les enfants reçoivent, aux logements hu-

---

(1) Voir la *Revue d'Anthropologie*, janvier 1881 : « Essai sur quelques crânes de criminels et de suicidés. »

mides et mal aérés, et à une multitude d'autres causes qui, en somme, sont toutes le résultat de cette plaie principale : la misère, l'homme est tellement dénaturé dès son berceau qu'il perd la faculté de devenir un membre utile et sain de la société. Tantôt il devient criminel, son développement s'arrête et l'homme primitif se réveille en lui; tantôt il reste idiot, crétin; ou encore il devient un ivrogne invétéré, etc.

Parfois une partie du cerveau s'atrophie (sous l'action de causes physiques et morales), tandis qu'une autre s'hypertrophie. C'est pourquoi nous remarquons chez beaucoup de criminels un développement extraordinaire de l'intelligence à côté d'un manque complet du sens moral. Abadie, par exemple, était de ce nombre. Pendant son procès, le président, en énumérant ses crimes : « Vous êtes accusé de tant de vols, de tant d'assassinats », ajouta, entre autres choses :

— Vous êtes très intelligent.

A cette même catégorie appartient aussi Marquelet, un jeune homme de vingt ans, qui a fait tant de bruit à Paris.

L'idéal d'Abadie était de se défendre à

main armée contre les atteintes de la police; il ne put cependant mettre à exécution son rêve. Marquelet a fait tout ce qu'avait fait Abadie et accompli son rêve par-dessus le marché : il repoussa, avec sa bande bien organisée, une attaque des agents de police.

Ce fut à la fin d'octobre 1887. La bande de Marquelet, connue sous le nom des « voleurs de Neuilly », avait réussi, par ses vols audacieux et même par un assassinat (de la vieille Durand), à jeter l'effroi parmi les habitants de cette ville, lorsque la police tomba sur la piste des criminels. Dans la mêlée qui se produisit entre la police et la bande, plusieurs hommes furent blessés et un des brigands seulement put être saisi; les autres s'enfuirent.

Les journaux se mirent à parler de l'échauffourée à qui mieux mieux... Le lendemain, le chef de la bande adressa à *la Lanterne* la lettre suivante :

« Monsieur le Directeur. Moi, connu sous le nom de Sans-Quartier, vous déclare que votre récit sur l'accident de Neuilly n'est pas tout à fait exact. Sachez donc que nous ne nous sommes pas enfuis du champ de bataille. Nous nous sommes retirés seulement lorsque les agents ont pris la fuite et alors que nous n'avions plus de cartouches. Nous nous éloignâmes à cent pas au plus, nous chargeâmes de nouveau nos revolvers, et nous rentrâmes tranquillement chez nous, croyant que notre camarade avait filé d'un autre côté. Malheureusement, ce n'est pas ce qui est arrivé en réalité. Je dois vous dire que c'est moi et un de mes camarades qui avons eu l'honneur de commettre les vols chez Mmes Caillon et Rouvenat ; le malheureux qui est tombé entre les mains de la justice n'y a point participé ; il était avec nous pour la première fois. Votre journal mentait donc en affirmant que nous passions les objets à nos camarades qui se tenaient dehors ; il mentait en affirmant que Mme Rouvenat avait vu cinq hommes qui se seraient enfuis de son logement. Nous ne nous sommes pas enfuis, cela est évident, attendu que nous avions bu tout son madère et allumé toutes les bougies de son lustre. Vous devez, Monsieur, rendre justice à mon courage et à mon audace en faisant publier dans votre journal ce qui précède et ce qui suit : Moi, Sans-Quartier, je jure sur mon sang de venger cruellement le camarade tombé dans les mains des hommes que je hais, que je hais parce qu'ils veulent se faire passer pour des honnêtes gens, tandis qu'ils rampent comme des reptiles et sont trop lâches pour agir ouvertement, etc. »

Cette lettre ne fut pas publiée par le journal. Marquelet écrivit alors une autre lettre dans laquelle il annonce qu'il va s'adresser à un autre journal si la direction ne fait pas publier immédiatement sa lettre. Mais si c'est la police qui en interdit la publication, il prie d'avertir cette dernière qu'il fera afficher sa lettre sur tous les murs si on en empêche l'insertion. Marquelet fut pris, malgré l'assurance qu'il avait donnée que la police n'aurait que son cadavre. A l'interrogatoire, il montra un cynisme révoltant. Le chef de la sûreté lui demande :

— Vous disiez que si vous étiez parvenu à tuer onze de mes agents, vous vous seriez ensuite brûlé la cervelle. Pourquoi ne commenciez-vous pas par là ?

— Allons donc ! répond Marquelet. Et le plaisir de tuer les agents de police, le comptez-vous pour rien ?

Voyons, maintenant, l'organisation et le fonctionnement de la justice française. Les degrés de juridiction sont ainsi établis : Tout en bas c'est la justice de paix, dont la juridiction est très limitée. Elle ne prononce d'office que dans les procès ne dépassant pas cent francs. Les procès qui dépassent cette somme ne sont examinés par elle qu'à la suite d'une entente intervenue entre les parties plaidantes. Devant ce tribunal, le Français répugne à soutenir un procès en diffamation. Dans les cas sérieux et préjudiciables, qui portent atteinte à l'honneur de son nom, il a recours au tribunal correctionnel et demande des dommages-intérêts. Mais la chose n'arrive que dans les cas graves, car les procès, en France, coûtent très cher, comme nous allons le voir par la suite, et le chicaneur risque de grandes pertes. Le juge de paix est nommé par le gouvernement et touche 3,500 francs annuellement, en moyenne. Il a deux suppléants qui n'ont aucun appointement.

Le degré suivant de juridiction est représenté par la police correctionnelle, dont le

président touche, à Paris, 10,000 francs
par an (en province de 6,250 à 3,375 francs,
selon la classe, c'est-à-dire, la ville où se
trouve le tribunal) et les juges touchent
8,000 francs à Paris et de 5,000 à 2,400 francs
en province. Malgré ses appointements
minimes, le magistrat français jouit d'une
réputation d'incorruptibilité absolue. Il est
souvent partial, mais ce sont ses convic-
tions et son tempérament qui en sont les
causes; quant aux pots de vins, il n'en
accepte jamais, d'aucune façon. Remarquons, en passant, que ce sont en général
des gens privés de talent et qui n'espèrent
pas réussir dans la brillante carrière d'avocat, qui entrent dans la magistrature. Ce
fait est depuis longtemps signalé et il donne
lieu à d'innombrables railleries des Français à propos de leurs magistrats.

— Quelle carrière vous proposez-vous
de faire suivre à votre fils? demande-t-on
à un père de famille.

— S'il a du talent, j'en ferai un avocat,
si c'est un imbécile, j'en ferai un juge.

Il existe, en France, soixante cours d'assises, vingt-six cours de cassation. Les
juges sont inamovibles. Dans l'été de 1882
la Chambre des députés vota l'amovibilité

et l'éligibilité des magistrats, mais, quelques mois après, la Chambre annula sa décision inopinément. La seule réforme que la troisième République ait introduite jusqu'ici dans la magistrature a consisté à renouveler le personnel judiciaire en diminuant le nombre des juges, ce qui a permis au ministre de renvoyer ou de garder ceux des juges qui lui plaisaient.

Les frais judiciaires en France s'élèvent à un chiffre absurde. En voici plusieurs exemples. Un ouvrier occupant une mansarde est expulsé par son propriétaire faute d'avoir payé son terme et reçoit le commandement d'avoir, à telle date et telle heure, à évacuer l'appartement. Au jour fixé, l'ouvrier se rend à son travail de la journée, se proposant de déménager le soir même. Quand il rentre, il se trouve que le propriétaire, fort de son droit, a porté plainte au tribunal qui a ordonné à l'huissier d'ouvrir immédiatement la porte du locataire inexact et de jeter sur le pavé tout ce que ce dernier possède. Cette mesure seule paraît déjà assez sévère; eh bien ! ce n'est pas tout; l'ouvrier est encore tenu de payer soixante-dix francs de dommages-intérêts. Et le montant du terme n'est que de trente francs !

Autre exemple. On vend aux enchères, en vertu d'un arrêt judiciaire, la pauvre maisonnette d'un débiteur insolvable au prix de cinq cents francs. Les frais de cette affaire atteignent la somme de six cents cinquante francs ; par conséquent, non seulement le créancier ne reçoit rien, non seulement le débiteur reste sans abri, mais encore il est tenu de payer cent cinquante francs de frais. Déjà, en 1851, pour parer à cet inconvénient, une loi fut décrétée organisant la justice gratuite pour les pauvres (Assistance judiciaire). Mais la multitude des formalités nécessaires pour prouver l'indigence (certificat témoignant que le solliciteur ne paye pas d'impôts, certificat d'indigence délivré par la police et par le maire) et la liberté qui est laissée aux tribunaux de refuser l'assistance au requérant, son indigence fût-elle dûment établie, rendent cette loi peu applicable. Sur vingt-cinq mille demandes pareilles qui se présentent annuellement, dix mille sont repoussées. En fait, il n'existe donc en France aucune égalité devant la justice. Seul, un homme aisé peut recourir à elle.

IX

AU DÉPOT

Boulevard du Palais, derrière le somptueux édifice du Palais de Justice, s'étend un bâtiment long et morne. Une fois la cour de la justice correctionnelle franchie, et après avoir tourné à droite, le visiteur pénètre dans une ruelle étroite au fond de laquelle s'ouvre une petite porte grise avec un marteau en fer et un judas. Dans cette ruelle c'est un continuel va-et-vient ; tantôt c'est un gardien de la paix qui passe devant vous, traînant avec lui par son cabriolet un misérable à la face pâle, en bourgeron de toile bleue ; tantôt c'est un soldat de la garde républicaine, traînant également, les menottes aux mains, quelque élé-

gant, lequel n'a pas eu le temps de se lever et
de se coiffer mais est habillé à la dernière
mode; tantôt c'est un couple de mouchards,
de physionomie militaire, habillés en civil,
qui filent d'un air pressé et mystérieux.
Diverses sont les physionomies rencon-
trées là, comme la vie et les crimes mêmes qui s'y lisent. A côté d'un voyou du
plus bas étage, vous voyez une modeste
mère de famille qui a péché contre le septième commandement, une horizontale
toute en soie et en bijoux, des petits enfants
affamés et déguenillés, des prostituées
ivres, des mendiants, des malades et des
assassins célèbres dans toute la France.

Trois fois par jour, devant cette petite
porte grise, s'arrêtent de grands omnibus
verts, sans fenêtres, en argot policier les
paniers à salade, d'où descend une longue
file de vagabonds et de criminels de toute
espèce, de tous les âges et des deux sexes;
tous ces gens disparaissent derrière la
petite porte de la prison.

Ce n'est pas sans raison qu'elle s'appelle
le Dépôt: c'est en effet là qu'on dépose tous
ceux qui enfreignent les lois. Ensuite le
juge d'instruction, le procureur ou le
simple juge feront le triage ; ils en relâche-

ront beaucoup, ils en enverront d'autres à l'hôpital, à l'asile des vieillards, à la maison des fous, le reste échangera le Dépôt contre une demeure plus fixe, la maison centrale ou Cayenne, et quelques-uns ne quitteront la prison que pour mettre leur tête dans la lunette de la guillotine.

En attendant ce triage, ils sont tous traités sur le même pied d'égalité.

Au coup de marteau, la porte s'ouvre et vous vous trouvez dans un long couloir en forme de croix, où il fait toujours à moitié nuit. Les fenêtres hautes sont grillagées et ne laissent entrevoir du monde extérieur que les murs jaunâtres du Palais de Justice ; les gardiens, en habits vert-foncé, au passe-poil vert et aux boutons d'étain, avec une petite étoile, s'affairent, courent ici et là.

Ce sont sans cesse de nouveaux appelés, menés chez le juge d'instruction, confrontés et reconduits dans une autre prison.

Au centre du corridor en forme de croix, se trouve un pavillon jaune occupé par le brigadier ; c'est lui qui reçoit toutes les demandes concernant l'extraction des détenus et qui donne des ordres pour qu'on les amène. Il n'a, à cet effet, qu'à presser un bouton correspondant au numéro de la cellule du prisonnier demandé, et au bout d'une minute il est là. A l'extrémité de de chaque couloir, toute la journée, plusieurs prisonniers, choisis parmi les dociles, sont assis ; aussitôt que le brigadier presse son bouton sur le tableau indicateur qui se trouve devant lui, une planchette noire apparaît au-dessus de la porte de la cellule en question. Alors les prisonniers mentionnés se mettent « à aboyer » (on les appelle aboyeurs), c'est-à-dire à crier les numéros réclamés. Le tout pour attirer l'attention du guichetier qui est toujours absent et constamment occupé.

Les cellules individuelles ne diffèrent en rien des cellules pareilles des autres pays : un lit de fer replié contre la muraille (dans aucune prison française il n'est permis aux prisonniers de dormir pendant le jour), un tabouret en bois fixé au mur à l'aide d'une chaîne, une petite table, un baquet dans un coin, un broc d'eau dans un autre, constituent tous les meubles. Les cellules sont éclairées la nuit par un bec de gaz et le gardien peut à chaque instant observer, par une petite fenêtre percée dans la porte, ce qui se passe à l'inté-

rieur. Au-dessus de la porte de certaines
cellules, une minuscule plaque rouge est
suspendue ; elle signifie que le prisonnier
se trouve au secret le plus rigoureux. Il
est interdit non seulement de lui parler,
mais de le laisser aller au préau, ni chez
le photographe, ni recevoir des visites, ni
même à l'interrogatoire. Deux fois par
jour la petite fenêtre s'ouvre et deux
mains lui tendent une livre et quart de
pain et un bol de bouillon, puis le prisonnier reste de nouveau seul.

— Et pourquoi cela ? demandai-je à
l'inspecteur qui m'accompagnait.

— Cela se fait sur l'ordre du commissaire de police, quand le prévenu se refuse
à dire son nom ou à avouer son crime.
Après une détention de ce genre de quelques jours, la faculté de rester dans la
prison commune ou d'aller au préau lui
paraît un vrai paradis, et il se décide à
parler.

Par un long couloir intérieur de la prison, sur les deux côtés duquel ouvrent les
chambres des prisonniers (il y en a cent),
nous nous approchons d'une grande porte
en fer. Une serrure énorme grince ; l'inspecteur, s'excusant, entre le premier et

continue les explications qu'il me donne avec politesse et intelligence.

— Ici se trouvent les enfants, les vieillards en état de vagabondage et les mendiants, et là-bas, plus loin, lesaliénés...

Je m'approche du vasistas ouvert dans la première porte et quand mes yeux se sont accoutumés à l'obscurité, je distingue le spectacle suivant : trois têtes sales d'enfants, qui, se bousculant, s'efforcent de se hausser pour voir les messieurs qui se promènent dans le couloir.

Tous les trois sont en haillons, avec des chemises presque noires ; le plus jeune d'entre eux est si petit que, même en se hissant sur le bout de ses pieds, il n'arrive à faire voir que la brosse épaisse de ses cheveux blonds et son nez retroussé.

— Qu'est-ce que tu fais ici ? demandai-je, en m'adressant à lui.

— C'est maman qui m'a envoyé...

— Où donc ?

— Dans la rue, pour demander des petits sous.

— Et ta maman, qu'est-ce qu'elle fait ?

— Elle est au lit.

— Est-ce que tu te plais ici ?

— Oui, Monsieur ; le monsieur qui a

des moustaches me donne du pain et du bouillon

— Et toi, comment es-tu tombé ici? demandai-je à l'autre, un garçon de dix ans, à la figure épuisée et aux yeux noirs effrontés.

— Moi, Monsieur, j'ouvrais les portières des voitures, la nuit, à la sortie du public des théâtres.

— Tous les trois sont détenus pour mendicité, et celui-ci (le second), en plus, pour avoir fait des propositions indécentes, ajoute l'inspecteur.

— Qu'est-ce que vous allez en faire ?

— Il n'y a rien à en faire ; la loi interdit la mendicité, aussi on les arrête, mais peut-on les garder en prison ? Ce sont de malheureux enfants dont les parents ne se soucient pas : souvent ils mendient eux-mêmes. Nous les envoyons à la correctionnelle qui les acquitte, quelques jours après ils sont de nouveau arrêtés, et ainsi de suite jusqu'à ce qu'ils se transforment en voleurs et en cambrioleurs. De plus, chez nous, ils se corrompent infailliblement ; nous sommes obligés d'en placer plusieurs ensemble dans une chambre, sans surveillance, et ils s'instruisent l'un l'autre. D'ailleurs, il n'est pas possible d'isoler un enfant ! Regardez, par exemple, ici.

Je m'approche de la porte suivante, derrière laquelle s'entendent des sanglots d'enfant. Un petit garçon malingre est assis sur un tabouret devant la table, la tête baissée sur ses poings, et toute sa figure est contractée par les larmes.

— Qu'as-tu ? demandai-je.

Pas de réponse.

— Son voisin est à l'interrogatoire, et il pleure parce qu'il s'ennuie tout seul, m'explique l'inspecteur.

Je vais plus loin ; de l'ouverture de la porte je regarde la tête blonde, frisée, d'un garçonnet d'une douzaine d'années ; sa figure fatiguée est semée de petite vérole, couverte de rides : les dents sont gâtées et les yeux ont une expression de tristesse qui fait peur. A peine lui adressai-je la parole que son visage, malgré lui, se contracta de sanglots retenus et de grosses larmes coulèrent de ses yeux.

— Moi, Monsieur,... Monsieur... je... je m'ennuie ! Je donnais des représentations devant les cafés, n'est-ce pas, parce que c'est mon métier...

— Qu'es-tu donc ?

— Je suis acrobate, Monsieur, ainsi que mon frère, mais il est allé à une foire... Et voilà que je donnais des représentations, et de bons messieurs me jetaient des sous! Mais j'ai eu la sottise de ne pas les ramasser avant d'avoir fini mes tours, et puis, quand je me mis à les chercher, la foule se rassembla autour de moi et messieurs les policiers m'ont arrêté. Oh! Monsieur, ce que je m'ennuie.... laissez-moi m'en aller !...

Je m'éloigne, mais les sanglots du petit acrobate me poursuivent longtemps encore. Au bout du couloir l'inspecteur m'arrête lui-même.

— Regardez encore ces moutards...

Deux garçons : l'un potelé, rondelet, en veston et en pantalon de toile bleue, tout à fait un petit ouvrier : l'autre, maigre, la bouche serrée, habillé assez convenablement, les mains dans les poches du pantalon.

— Pourquoi es-tu ici ? demandai-je au premier.

Il commence à pleurer.

— On m'a trouvé dans la rue à trois heures un quart du matin.

— Qu'est-ce que tu y faisais, à cette heure là ?

— J'avais peur de rentrer parce que ma mère voulait me battre.

— Tu t'étais donc mal conduit ?

— Oui, mais je ne recommencerai plus... Monsieur, relàchez-moi, je vous en prie ; je ne suis pas un vagabond, je suis compositeur, voilà mon livret d'ouvrier.

En effet, on apprend dans ce livret que le garçon s'appelle Jules Girard, qu'il travaille en tel et tel endroit, qu'il habite avec sa mère, marchande de légumes, à telle adresse, etc. Pourquoi garde-t-on le pauvre garçon deux jours de suite en prison ? C'est pour moi incompréhensible.

— Monsieur, allez voir ma mère, elle viendra me chercher, elle ne sait pas que je suis ici.

L'autre enfant avait quitté Rouen pour venir à Paris.

— Mon père, disait-il, est à moitié fou, il me bat pour un oui, pour un non, c'est pourquoi je me suis enfui pour ne plus revenir.

— Est-ce que tu es mieux ici que chez toi ?

— J'aime encore mieux ça, répond-il.

— Mais qu'est-ce que tu vas faire seul à Paris ?

— J'ai ici une dame de ma connaissance qui m'aime bien.

Après les enfants, ce sont les vieillards.

J'ai causé avec deux d'entre eux. L'un a une hernie qui le tient replié sur lui-même depuis vingt ans déjà ; il ne peut pas travailler, aussi il mendie. L'autre est au dernier degré de la phtisie, il est si faible que sa parole ressemble plutôt à un chuchotement.

En attendant qu'on les envoie à l'hospice des incurables, à Saint-Denis, ces infortunés restent en prison ; ils ne peuvent même pas aller au préau.

Ces promenades au préau se divisent en deux catégories : pour les prisonniers isolés et pour ceux qui sont en commun. La cour où se promènent ces derniers, est remplie, au moment où je la vois, de vieux ouvriers qui, faute de travail, se voient forcés de coucher à la belle étoile. On les a arrêtés comme vagabonds. Ce sont des gens honnêtes, mais malheureu.., remarque l'inspecteur ; ils meurent littéralement de faim ; la prison est encore un bonheur pour eux, mais nous ne pouvons pas les garder...

De la section des hommes nous passons à celle des femmes. Ici, les surveillantes sont des sœurs de l'ordre de Marie-Joseph. La propreté y est exemplaire ; les parquets sont cirés, les lits sont non seulement propres mais en quelque sorte coquets. Dans les chambres de la mise au secret, à côté des voleuses et des criminelles de toute sorte, sont enfermées les prostituées sans carte. On les garde ici quelques jours, et si leur santé est intacte, on leur délivre des « cartes jaunes », et on les lâche. Dans les salles communes, c'est un vrai bazar : plus de deux cents femmes publiques sont amassées là ; elles chantent, se querellent, se battent entre elles et se mutinent toutes ensemble contre les surveillantes.

— La prison, au dire de la sœur qui m'accompagne, ne produit aucun effet sur ces femmes ; pour obtenir leur obéissance, nous sommes obligées de prolonger le temps de leur détention et de les priver du droit de se procurer du vin à la cantine de la prison.

La salle commune se divise en deux parties : l'une où se trouvent les femmes publiques, proprement dites, non mariées; l'autre où sont les femmes mariées avec leurs enfants.

Pour la plupart des cas, la différence entre celles-ci et celles-là n'est que théorique, pour ainsi dire. Et je restai frappé en apprenant que c'est dans cette abominable compagnie qu'on place les femmes accusées... d'adultère!!...

X

LA PETITE ROQUETTE

Deux prisons s'élèvent en face l'une de l'autre : l'une est destinée aux enfants mis « en correction », l'autre aux condamnés aux travaux forcés ou à mort. Entre les deux s'étend une petite place ronde entourée d'arbres; — ici une opération a lieu, dont le patient ne guérit jamais. En haut et en bas passe la rue étroite de La Roquette qui représente une suite continue de tavernes suspectes et de magasins funéraires encombrés d'objets de deuil : des couronnes en perles blanches et noires, des bouquets d'immortelles jaunes et rouges, des croix et des monuments de différents prix. Le haut de la rue de la

Roquette aboutit au cimetière du Père-Lachaise : aussi la plupart des enterrements défilent-ils le long de cette rue. Il est difficile de s'imaginer un lieu plus sinistre !

La prison des enfants s'appelle Petite Roquette, en opposition à celle qui lui fait vis-à-vis, la Grande Roquette. Ce sont de grands corps d'édifices blancs en forme de casernes, entourés d'un haut mur. Il faut traverser deux cours avant d'arriver à la cour de la prison proprement dite. Ses deux ailes s'élèvent au-dessus d'un fossé profond et solidement maçonné ! Elles communiquent entre elles et avec la maison de l'administration par des ponts aériens. Dans la section de droite sont placés les petits citoyens criminels, — de moins de seize ans — dans l'édifice de gauche les adultes depuis seize jusqu'à vingt ans. Dans l'un comme dans l'autre il n'y a pas de préau pour prendre l'air, et le plus sévère emprisonnement est pratiqué là.

Nous entrons dans un corridor long et assez clair, peint en jaune ; d'un côté se trouvent les petites portes des cellules. Elles sont fermées non pas à clef mais au

verrou, pour faciliter les visites fréquentes que les prisonniers reçoivent des inspecteurs, du directeur, du prêtre ou du
contre-maître. Sur chaque porte sont col-
lées des étiquettes avec des numéros ; elles
sont de trois sortes : des noires, avec un
seul numéro, indiquant que le prisonnier
est en instance de jugement, mais n'a pas
encore été jugé ; des noires avec deux
numéros, le second se rapportant au procès à la suite duquel le prisonnier a été
condamné ; et des étiquettes rouges indiquant que le détenu a été emprisonné sur
la demande de ses parents et non par suite
d'une condamnation du tribunal.

L'inspecteur ouvre l'une des premières
portes et à notre aspect se lève un garçon
de douze ans, fort joli, aux yeux noirs
intelligents. Un marteau à la main, et sur
la table, des petits clous épars.

— A quoi travaillez-vous?

— Je fiche les têtes sur les clous, c'est
ici qu'on m'a appris à le faire.

L'inspecteur m'explique que tous les
enfants qui viennent là commencent dès
le premier jour l'apprentissage de différents métiers faciles, où ils sont aidés par
des contre-maîtres : les uns fichent les

têtes sur les clous dont on se sert en mécanique, les autres tressent des bourses d'anneaux métalliques, les troisièmes des couronnes de perles pour les tombeaux.

— Et que faisiez-vous avant?

Le garçon hausse les épaules.

— Rien, je courais avec des gamins dans les rues.

— Et avez-vous été à l'école?

— Oui, mais à quoi bon? nous n'avions rien à manger chez nous.

— Êtes-vous condamné?

— Pour quatre mois, j'ai volé avec mes camarades un canif en montre dans un magasin.

C'est sa première condamnation, mais la faute initiale va peser sur lui toute sa vie et risque bien de l'empêcher de devenir jamais un honnête homme, même s'il y met de la bonne volonté. C'est que l'arrêt du tribunal reste inscrit au casier judiciaire du condamné, et l'individu, une fois déshonoré, l'est pour toujours, si le tribunal ne lui a pas appliqué le bénéfice de la nouvelle loi Bérenger.

Dans une autre cellule, nous voyons un petit bossu, les yeux souriants, humoristiques. C'est pour la troisième fois qu'il est ici et apparemment la chose lui est égale. Il nous parlait, les mains dans les poches de son pantalon.

— Pour quel motif avez-vous été condamné?

— J'étais avec des gosses qui volaient, — répond-il avec un malicieux rire de fripon — ils ont réussi à s'échapper et moi (il montra son pied boiteux) j'ai été pris.

— Avez-vous des parents?

— J'ai un père, mais il demeure avec sa maîtresse.

— Vient-il vous voir?

Le petit bossu étendit sa lèvre inférieure avec mépris et secoua la tête négativement :

— Je m'en moque pas mal.

Je visitai au moins vingt cellules et tous leurs habitants m'étonnèrent par leur air intelligent et hardi ; leurs allures sont des plus dégagées; la prison ne pèse pas sur eux. Plusieurs sont là pour la seconde et la troisième fois et l'un d'eux pour la sixième! Il a douze ans, il a été arrêté la dernière fois pour avoir volé des sacs d'avoine; on suppose qu'il appartient à une bande dangereuse de voleurs, mais il ne veut trahir personne, prétextant qu'il venait dormir sur les sacs (à trois heures du matin!) Les parents ont le droit de faire enfermer ici leurs enfants dépravés, pour quelques mois (pas plus de six, si je ne me trompe). Parfois ils réussissent à sauver leur fils égaré d'une condamnation, s'ils s'engagent à le mettre d'eux-mêmes à la Petite Roquette pour un temps fixé par le juge même. Il est douteux cependant qu'on puisse arriver à quelque résultat avec un pareil moyen. Une fois qu'il a fait connaissance avec la prison, le jeune garçon ne la redoute plus et, redevenu libre, ne pense guère à se corriger. J'en ai vu ici trois qui, après une première visite à la prison, s'étaient mis de nouveau à voler.

Dans quelques cellules je rencontrai des inspecteurs en train de donner aux prisonniers des leçons d'orthographe et d'arithmétique. Cela rentre dans leurs attributions ; ils assistent en quelque sorte le directeur et doivent veiller à ce que les petits prisonniers fassent leurs devoirs d'écoliers. Il est bien rare de trouver ici des enfants ignorants, la plupart savent lire et écrire. Je n'ai trouvé qu'un seul garçon ignorant, mais celui-ci ne pouvait

pas même dire son âge. Quand j'entrai
dans sa cellule il était assis sur une chaise
et, sa tête aux cheveux ras baissée tantôt
d'un côté tantôt de l'autre, il rongeait un
morceau de pain. Il n'avait visiblement
pas faim, mais il mangeait comme les
enfants sucent des bonbons, par gourman-
dise ! Ce garçon-là, de figure vraiment
sympathique, était si petit que ses pieds
ne pouvaient pas atteindre le plancher.
Il était en instance de jugement pour avoir
mendié.

— Est-ce que tu te plais ici ?

— Oui, répondit-il lentement.

— Veux-tu retourner à la maison ?

— Non, mon père me donne des coups,
parce que je n'apporte pas assez de sous.

Ce qu'il y a de plus intéressant à la
Roquette, c'est son école. Elle se trouve
dans la chapelle, dans une grande salle
voûtée. Les bancs sont disposés en amphithéâtre et sont séparés de manière que le
maître voie tous les élèves sans que ceux-
ci puissent s'apercevoir. On remplace les
écoliers toutes les vingt minutes, une série
suit l'autre et ainsi jusqu'à midi. Il n'y a
qu'un seul maître pour toute la prison et
le nombre des élèves va de 80 à 140. Après

midi, le maître (il s'appelle Alexandre Dumas) passe d'une cellule à l'autre, instruit chacun séparément, le console, le guide sur la voie de la vérité. J'ai rencontré rarement un homme aussi bon et aussi dévoué à son devoir. Il ne reçoit que 150 fr. par mois, travaille depuis le matin jusqu'au soir et cependant il regrette d'enseigner dans cette prison « seulement depuis quatre ans ».

— Oh! Monsieur, je suis très content de ces enfants! Ils apprennent parfaitement ; quand ils viennent ici, ils ne savent pas leur table de multiplication et en sortant ils connaissent la règle de trois. Et ils se conduisent très bien ; du reste, je déteste les paresseux: que celui qui ne veut pas apprendre s'en aille! Je l'exclus de la classe, c'est la plus grande punition.

De même, si quelqu'un d'eux commet quelque sottise et doit aller au cabinet noir (aux arrêts), il n'est pas admis dans la classe.

M. Dumas me présenta tous ses élèves séparément et, m'expliquant pour quelle raison ils étaient là, tâchait naïvement de trouver une excuse pour chacun.

— Cet enfant-là (garçon de dix-sept

ans, à l'air imbécile), a été envoyé ici
non pas par le tribunal, mais par l'Assistance publique ; c'est un orphelin, un
enfant trouvé, et il faisait des bêtises, étant
libre ; on l'a mis ici pour le corriger. Maintenant, nous allons bientôt le laisser partir ; il s'est déjà amendé.

L'autre (comme la plupart des mineurs
condamnés par le tribunal) a été mis en
correction jusqu'à l'âge de vingt ans.
Comme il s'était bien conduit, les autorités de la prison l'ont remis en liberté
sous la garantie de la Société de patronage des criminels mineurs. On l'a placé
chez un ramoneur et il était obligé de se
présenter devant ses protecteurs tous les
dimanches, au domicile de la Société, qui
fait préparer pour ses protégés un dîner
et différents divertissements. D'abord, le
jeune ramoneur venait tous les dimanches
régulièrement, puis, il trouva plus amu-
sant de passer le temps au cabaret qu'à
la Société et cessa ses visites. Alors la
Société lui retira son patronage et il fut
arrêté de nouveau.

— Maintenant, nous disait M. Dumas,
il s'est corrigé derechef ; dans deux mois
la Société va le reprendre, mais ce sera

pour la dernière fois. S'il ne se conduit pas bien, il restera en prison jusqu'à vingt ans, ou nous l'enverrons à la colonie pénitentiaire de M. Bonjean.

XI

LA GRANDE ROQUETTE

Les prisonniers de la Roquette ne font parler d'eux que dans le rare cas suivant :

Parfois, au point du jour, la porte de la prison s'entr'ouvre et, mené d'un côté par le bourreau, de l'autre par le vieil aumônier, les mains liées derrière le dos, les pieds entravés, pâle comme sa chemise sans col, son veston bleu jeté par-dessus les épaules, apparaît sur le seuil un homme qui commence ses derniers « cent pas ». Mais, en dehors de ce cas particulier, personne ne parle des habitants de cette prison sinistre; ce sont des gens « condamnés ». C'est là qu'attendent avant d'être définitivement transférés, souvent après un procès sensationnel, les individus condamnés aux travaux forcés, à la réclusion et au moins à un an d'emprisonnement dans une maison de correction. Mais, il y a quelque temps, les prisonniers de la Roquette sont devenus les héros du jour; les journaux et le public se prirent d'un subit intérêt pour eux et il fut beaucoup parlé de leur situation. Le tout parce qu'ils avaient cessé de se bien conduire; ils n'étaient pas sages. En un mois, ils s'étaient révoltés deux fois: pendant la promenade, dans la cour de la prison, ils s'étaient armés de leurs instruments de travail, criant, injuriant les autorités et refusant de rentrer dans leurs ateliers. Le nombre des prisonniers de la Roquette étant de cinq cents et celui des inspecteurs ne s'élevant qu'à vingt, on était obligé de réquisitionner la force armée pour les réprimer; les instigateurs de la rébellion furent punis du cachot, privés de l'argent qui leur sert à leurs menues dépenses, de toutes visites, des portions distribuées en dehors de l'ordinaire. Quand j'y allai, tout venait de se calmer et, comme le directeur me le déclara, « l'enquête se poursuivait. »

Je trouvai toute la population de la Roquette, environ quatre cents hommes, rassemblée dans une grande cour carrée, pour le déjeuner. Assis par terre, sur les marches de la chapelle ou autour de la fontaine, les prisonniers absorbaient avec avidité, dans des gamelles de terre, une pâte ressemblant à de la fécule cuite. Presque tous avaient un couteau à la main dont ils coupaient leur pain de seigle, d'assez bonne qualité.

— Est-ce que vous leur donnez des couteaux? demandai-je à l'inspecteur qui m'accompagnait.

— Ils sont émoussés, avec un bout arrondi.

— Pourtant on peut les aiguiser facilement.

— Si nous trouvons un couteau tranchant à quelqu'un, nous le lui enlevons.

Cette réponse ne parvint pas à me persuader. Il suffisait d'un coup d'œil sur les physionomies qui m'entouraient pour comprendre combien il était dangereux de donner des couteaux à de pareilles gens. La peau flétrie et flasque, louchant, le nez aplati, la tête bossuée et les mâchoires proéminentes, ces gaillards-là, même sans avoir l'air bien méchant, produisent une impression de répugnance et de maladie. On dirait une espèce particulière de singes. Leurs grimaces, leurs rictus et surtout la pose qu'ils prennent quand ils sont assis et qu'ils mangent, ressemblent de près aux attitudes des singes. Ce sont des impulsifs ; ordinairement l'inspecteur à lui seul réussit à les dompter, mais, que la colère les prenne ou qu'une violente envie de quelque chose les possède, et tout de suite leurs qualités animales prennent le dessus. Koenig, qui a été exécuté, tua son ami, qui l'avait régalé toute la soirée, pour lui prendre ses derniers deux francs ! Il savait que c'était tout ce qui lui restait.

La cour mène aux ateliers qui longent les côtés les plus longs de son rectangle. On fabrique ici des boîtes en carton, des souliers et des bottes, des gonds en fer pour les portes (ces gonds sont exportés, même à l'étranger) des cornets pour les épiceries, des sacs à farine et d'autres ouvrages élémentaires.

Les prisonniers entrent aux ateliers à 6 heures du matin et en sortent à 7 heures du soir. Ce n'est pas l'administration de la prison qui dirige les travaux mais un entrepreneur particulier qui les lui prend à forfait. A quelles conditions l'opération se fait, combien l'entrepreneur paye, quelle est la valeur des objets produits et combien gagnent la prison et les prisonniers? impossible d'en rien savoir. Quoique dans mon laissez-passer, reçu de la Préfecture, il ait été recommandé au directeur de la Roquette de me donner tous les renseignements nécessaires, toutes mes questions n'ont obtenu que des réponses évasives, quoique fort aimables.

— N'avez-vous pas un compte-rendu relatif aux travaux qui s'exécutent dans votre prison?

— Non, c'est l'affaire de l'entrepreneur.

— Ne pouvez-vous pas me dire à quel prix sont vendus tels et tels articles fabriqués par les prisonniers?

— Je ne peux pas vous le dire exactement, cela ne nous concerne pas, mais en général ils sont vendus au prix courant et il y a toujours un bon profit, si le travail marche. Malheureusement, il y a maintenant la crise économique.

Et le reste sur le même ton.

Pourtant, indirectement, j'ai appris que l'entrepreneur des prisons de Paris faisait de si bonnes affaires et vendait les produits des prisons si bon marché qu'il est impossible aux ouvriers ordinaires de soutenir la concurrence. Leurs syndicats ont adressé, à plusieurs reprises, des pétitions au gouvernement, afin d'obtenir la cessation du travail dans les prisons, le travail des prisonniers tuant complètement celui des hommes libres.

Les cellules individuelles où les condamnés sont enfermés pour la nuit sont meublées d'une manière tout à fait primitive ; elles contiennent un lit avec une paillasse, une couverture grise, et c'est tout. Point d'eau (c'est probablement pourquoi les prisonniers sont si sales), pas de gaz ni de cabinet d'aisances ; rien, (c'est invraisemblable !), qui rappelle un système quelconque de chauffage dans toute la prison. Si l'on se souvient quelle vieille et humide prison est la Roquette, on s'imaginera facilement quel enfer de glace elle devient dans le fort de l'hiver, alors que même dans un bon logis, pourvu seulement d'une cheminée, le froid vous secoue de frissons comme une fièvre. Les cachots surtout sont d'une cruauté étonnante : ce sont littéralement des culs-de-sac de pierre, complètement sombres, sans aucune ventilation, avec une planche pour tout meuble.

Lors de ma visite, il n'y avait qu'un seul cachot sur sept qui n'était pas occupé. Dans les autres se trouvaient les meneurs des révoltes récentes.

— Est-ce qu'on les tient ici un mois entier? demandai-je à l'inspecteur.

— Non, moins longtemps, répondit-il.

Et il changea de conversation.

Nous passâmes, après un long corridor, dans une autre cour, petite et carrée, au milieu de laquelle est un arbre. Un silence morne, sinistre, règne ici. Quand nous entrâmes, trois hommes s'y promenaient. L'un était un inspecteur en uniforme, l'autre probablement un agent en civil, et le troisième un prisonnier tout jeune, presque un enfant, vêtu d'une veste de drap et d'un bonnet de détenu. Son visage allongé, imberbe, avait un vilain teint terreux; ses longs bras pendaient sur ses hanches, et son cou sortait, excessivement long et nu, comme s'il n'avait pas eu de chemise. Quand la serrure résonna et que

nous fûmes au seuil, il se tourna tout
d'un coup brusquement, de tout son corps,
de notre côté, et ses yeux grands ouverts
se fixèrent sur moi. Mais, évidemment
persuadé qu'il se trompait, il se retourna
de nouveau, passa d'un geste instinctif sa
main sur son cou, et, tout en balançant
ses longs bras, en trébuchant à chaque
instant, il poursuivit sa marche, continuant, avec ses gardiens, sa conversation
interrompue. Toute sa figure exprimait
l'angoisse; on eût cru voir remuer tous ses
muscles. En une seule minute, il lui arriva
plusieurs fois de porter la main à son
cou.

— Est-ce un condamné à mort?

— Non, répondit l'inspecteur avec ma-
lice, en activant le pas; c'est celui qui est
séparé des autres.

— Pourtant, on dirait qu'il a peur pour
son cou.

— Oui, il risque assez de se faire couper
la tête, répondit-il en souriant.

Il m'expliqua ensuite qu'il était en effet
condamné à mort, mais que les étrangers
n'ont pas le droit de voir les héros de la
guillotine. Ce garçon-là n'avait que dix-
neuf ans, ce qui ne l'avait pas empêché,

avec un camarade, de couper la gorge à
une vieille maîtresse d'hôtel dans le quartier de Charonne. Ils sont tous les deux
condamnés à mort, mais ils espèrent être
graciés, et ils ne s'entretiennent que de
leurs chances avec leurs gardiens.

— Et où sont donc les cellules des condamnés?

— Nous les avons déjà passées.

— Eh bien, retournons, je voudrais les
visiter.

— Je ne pourrai vous montrer que celle
qui est vide.

— Cela m'est égal.

Les cellules en question sont situées à
l'étage inférieur. Elles ne se distinguent
des autres qu'en ce qu'elles sont plus
grandes et possèdent trois lits au lieu d'un.
C'est là qu'en attendant son supplice ou sa
grâce, vit le condamné, dans la société
permanente de l'inspecteur de la prison et
de l'agent de la police secrète, dont les
fonctions consistent à le distraire et à
tâcher de lui arracher, par hasard, un aveu
possible relatif à sa propre personne et à
celles de ses complices.

C'est dans une des cellules du haut que
se trouvait enfermé comme ôtage le mal-

heureux archevêque de Paris, Mgr Darbois,
fusillé plus tard par les communards dans
la même prison, ainsi que le président de
la cour de cassation, M. Bonjean, le curé
de la Madeleine, M. Deguerry, les jésuites
Ducoudray et Clerc, et l'aumônier militaire
Allard. Le terrain qui longe le mur où ce
crime lâche a été commis (on y voit encore
aujourd'hui des traces de balles) est entouré
d'une grille et arrangé en un parterre de
fleurs qui zigzague conformément aux
places qu'occupait chacune des victimes
au moment du supplice.

Derrière le bureau du directeur se trouve
une salle longue, étroite et élevée dont
l'ameublement se réduit à une table et à
un tabouret. C'est la salle des réceptions.
Sitôt que le condamné à mort a pénétré
dans cette salle par la petite porte qu'on
voit au fond, il devient la propriété de
M. de Paris. Et, vis-à-vis de cette chambre, en traversant le corridor, on trouve
un buffet pour les prisonniers....

XII

LA CONCIERGERIE

Sur le quai de l'Horloge, enserrées entre de hauts murs gris et uniformes, se voient deux tours rondes, aux toits coniques et pointus. Un peu plus loin, vers le nord et sur la même façade, s'élève une troisième tour, de la même forme que les précédentes. Dans ce cadre de style moderne, ces édifices du moyen âge prennent un aspect sinistre et mystérieux : on dirait trois chevaliers, trois compagnons de guerre de Saint-Louis sortis de leurs tombeaux pendant la nuit pour visiter le Paris contemporain et appréhendés au collet par les agents pour leur curiosité déplacée.

— Veuillez passer au poste dire qui

vous êtes et quels crimes vous avez sur la conscience.

Ah! si ces tours pouvaient parler, elles nous en raconteraient des crimes, des horreurs à faire dresser les cheveux jusque sur la tête du sceptique français d'aujourd'hui! Toute l'histoire tragique et sanglante de la France est enfouie derrière les murs de ces tours; chaque pierre, ici, est lavée des larmes et du sang de milliers et de milliers d'hommes.

Une petite porte voûtée, garnie de ferrures, est fermée à clef hermétiquement; devant elle, une sentinelle de la garde républicaine, un fusil sur l'épaule, marche à pas réguliers. Une petite pancarte, au-dessus de la porte, nous indique que nous sommes devant la Maison de Justice.

Nous frappâmes à la porte. Elle s'ouvrit et un geôlier aux cheveux gris parut, nous examinant soupçonneusement de la tête aux pieds.

— Dans la cour, à droite, dit-il en regardant mon laissez-passer.

A droite, dans le mur jaune, est pratiquée une petite porte sur laquelle est écrit en lettres noires: Conciergerie. A peine le seuil franchi, vous entrez d'emblée en plein moyen âge. Un corridor gothique, sombre et sans fin, de hautes colonnes semblables à d'énormes palmes envoyant vers le ciel, dans toutes les directions, des branches en demi-cercle, qui s'entrelacent les unes avec les autres, forment une succession de voûtes élevées qui s'enfoncent dans l'obscurité.

Les meurtrières étroites des tours laissent passer une lumière misérable dans ce corridor humide et qui sent le renfermé. A gauche, au fond, s'entrebâille une énorme porte grillagée derrière laquelle c'est l'obscurité d'un tunnel traversée, çà et là, par la lumière oscillante des becs de gaz. A droite, un étroit escalier en colimaçon mène quelque part en haut; directement devant la porte, une guérite jaune pour les inspecteurs, et un peu de côté, une petite porte bardée de fer avec une grosse serrure. Tandis que nous examinons cet endroit curieux, saisis par le froid de cave qu'il y fait, le directeur, M. Tixier, apparaît. C'est un homme de quarante-cinq ans, aux cheveux gris, le teint rose, les yeux gris et doux. Dès le premier mot, il se met à nous raconter des souvenirs d'histoire qui ont trait à la

Conciergerie. Il n'y a que deux ans qu'il est directeur de cette prison, il a commencé son service, il y a vingt-huit ans, comme économe au dépôt de police, mais l'histoire de la « Souricière » (nom donné à la prison par le peuple au XVIII° siècle), l'intéresse tellement qu'il s'est mis à l'étudier tout de suite, d'après les documents inédits, conservés à la Préfecture de police. Autrefois, la Conciergerie servait de palais aux rois de France; Saint-Louis y a résidé. Le corridor où nous nous trouvons était la salle de ses gardes du corps.

L'autre salle, dont nous voyons d'ici les voûtes, servait de logement aux hallebardiers.

Plus tard, le même édifice fut aménagé pour le Parlement. L'escalier en colimaçon que nous apercevons mène dans la tour Bon-Bec, où les bons juges du vieux temps faisaient subir l'interrogatoire à l'aide de la question ordinaire et extraordinaire!... Cette petite porte qui conduit dans une espèce de cave communiquait autrefois avec le bâtiment où siégeait la Cour. C'est par cette porte-là que Marie-Antoinette passa pour aller au

tribunal révolutionnaire et revint, con-
damnée à mort.

Tout en parlant, nous nous dirigions
vers la grande porte déjà signalée. C'est
derrière elle, dans ce passage noir, qu'on
tint enfermés environ cinq cents hommes
arrêtés pendant la Terreur. Ils se cou-
chaient là par terre, satisfaisant tous leurs
besoins à même le sol, étouffant dans la
puanteur, mourant de soif. Au fond de ce
sombre corridor se trouve une petite porte
en chêne; elle est au moins deux fois
plus petite que la taille ordinaire de
l'homme. L'inspecteur qui nous accompagnait l'ouvrit et nous dit avec solen-
nité : « Inclinez votre tête; cette porte a
été faite exprès pour la reine ; elle se
refusait à saluer le tribunal et on a fait
percer cette porte pour l'y conduire. »
La chambre où languissait la « veuve
Capet » est toute petite; pas plus de six
pieds de long sur quatre de large ; le plafond est bas, les murs sont sales. S'il y
avait un lit, il serait impossible de s'y
remuer. Il reste ici une relique laissée
par Marie-Antoinette ; c'est un petit fauteuil couvert en velours cramoisi. A l'endroit où se trouvait la porte, communi-

quant avec la chambre où se tenaient les
« citoyens », chargés de garder la prison-
nière royale, un autel a été élevé après la
Restauration. Deux tableaux fort mal
exécutés représentent : le premier, la reine
communiant dans sa prison, et l'autre
une scène où on la voit trainée au tribunal
par les bonnet phrygiens... La salle voisine n'est pas moins célèbre ; ici Robes-
pierre, mourant d'une perte de sang après
l'attentat avorté, passa la dernière nuit
qui précéda son supplice. En examinant
cette chambre, les vers bien connus de
Pouchkine, *A Chénier*, me revinrent à la
mémoire.

La chambre qui vient après est très
grande, voûtée, avec des fenêtres gothi-
ques. C'est la salle des Girondins ; c'est ici
qu'ils ont célébré leur banquet à la veille
de leur exécution, festin qu'ils ne quittè-
rent que pour aller à la guillotine. Du
reste, nul ne redoutait la mort à cette
époque. Ceux qui se trouvaient à la Conciergerie savaient ce qui les attendait et
n'avaient qu'un seul désir, celui de passer
aussi joyeusement que possible le temps
qui leur restait.

Durant toute la Terreur une gaieté
désordonnée y régna. Les condamnés à
mort buvaient et chantaient jusqu'au point
du jour, se moquant de leur situation.
Ainsi Dauballe, dans son « Histoire des
prisons », cite une chanson favorite des
prisonniers, qui commençait ainsi :

> Quand ils m'auront guillotiné
> Je n'aurai plus besoin de nez...

Parfois, au milieu d'une chanson pareille, la porte s'ouvrait et le geôlier appe-
lait à haute voix le nom d'un des assistants
pour le conduire au supplice, et l'autre
vidait son verre, serrait les mains de ses
compagnons, sortait comme pour rentrer
chez lui. Beaulieu, sauvé miraculeuse-
ment de la mort, raconte dans ses mémoires d'un certain jeune homme, Gosnet :
« Quand l'heure fut venue, il nous embrassa
tendrement et dit en riant : Vous m'avez
offert un bon déjeuner dans ce monde-ci,
je m'en vais vous préparer un bon souper
dans l'autre ; j'attends vos ordres. »

En retournant dans le corridor et en
prenant à droite, nous arrivons dans une
petite cour dans laquelle donnent des

quatre côtés les fenêtres des cellules de la prison. Aujourd'hui, c'est ici qu'on enferme les cochers, arrêtés pour contraventions aux règlements de police. Mais chacune de ces cellules est renommée pour avoir servi de résidence à une célébrité quelconque. Voici la fenêtre du poète Chénier, de Mme Roland ; voilà la fenêtre de Napoléon III, derrière laquelle il attendait son jugement en 1836, après l'affaire de Boulogne. A droite, au fond de la cour, près de la grille, a eu lieu le massacre de Septembre.

Au reste, je me dépêche de m'enfuir au plus vite de la vieille Conciergerie, autrement les souvenirs historiques vont remplir tout ce chapitre, et ce n'est pas ce que je me propose. A présent la Conciergerie sert de prison temporaire aux prévenus qui sont sous le coup d'un jugement de la Cour d'Assises. On enferme ici tous les criminels du département en attendant les débats. Et ils restent là, après l'arrêt qui les a frappés, pendant trois jours, jusqu'à ce qu'ils aient signé leur pourvoi en cassation. Un des grands soucis de l'administration est de prévenir les suicides des condamnés. « Il est bien rare que chaque criminel n'espère, sinon son acquittement, au moins la commutation de sa peine ». Et il arrive souvent que tel qui attend un acquittement revient dans sa cellule, frappé d'un arrêt de mort. Il est facile de s'imaginer l'agitation du prisonnier au sortir de l'audience; dans un moment pareil, s'il n'est pas surveillé, il risque bien de se pendre. Le cas se présente surtout avec les Méridionaux. Aussi d'habitude met-on les condamnés dans une cellule double, et ceux qui sont condamnés à mort, une fois revêtus de la camisole de force et les pieds entravés, dans une cellule triple. Les cellules sont très proprement entretenues et ventilées à l'aide d'une machine à vapeur. Sous ce rapport, la position des prisonniers est infiniment préférable à celle des inspecteurs. Ces derniers montent souvent des gardes de trente-six heures dans un corridor froid et humide. Pour toute la maison (76 cellules et souvent jusqu'à 150 prisonniers) il n'y a que neuf employés. Leur travail est pire que celui des forçats; ces malheureux reçoivent 150 francs par mois, c'est-à-dire moins que le plus misérable ouvrier. Avec un pareil salaire il est déjà difficile de vivre seul, sans parler de l'impossibilité de nourrir une famille. Après trente ans de service irréprochable et si l'inspecteur n'a pas moins de 60 ans, il a droit à une pension de 800 francs. La pension a de quoi le consoler, mais il serait malheureusement difficile de trouver dix hommes sur cent capables de vivre, à ce métier-là, assez longtemps pour atteindre à la retraite désirée; le plus souvent ils meurent de phtisie et d'autres maladies. M. Tixier m'a raconté nombre d'accidents curieux de sa vie de prison; son long service l'a mis à même d'observer de près les plus grands scélérats et filous de la France et des pays étrangers. Je ne rappellerai que l'épisode suivant :

Alors que M. Tixier se trouvait directeur du Dépôt à la Préfecture, on lui amène une dame richement habillée, prise en flagrant délit de vol de dentelles dans les magasins du Louvre. Après l'avoir fouillée, l'administration des magasins trouvait dans sa poche plus de 100 roubles en billets. Suivant les règles pratiquées dans de pareils cas, le directeur des grands magasins du Louvre proposa à la voleuse de payer une somme quadruple de ce que valait la chose volée (cet argent est destiné à l'Assistance publique). L'amatrice de dentelles chères se trouvait dans l'impossibilité de satisfaire sur le champ à cette demande et refusait d'autre part de communiquer son nom et son adresse. Aussi la remit-on entre les mains du commissaire de police, qui la fit transporter au Dépôt. Arrivée là, à minuit, la voleuse fit venir dans sa cellule M. Tixier et lui adressa les paroles suivantes : « Monsieur, vous comprendrez facilement pourquoi je n'ai pas donné mon nom à la police; je n'ai pas de motifs pareils pour le cacher devant vous, sachant que le devoir professionnel vous oblige à garder le silence. Je suis russe, mon nom est..... » La voleuse prononça un nom russe bien connu. Sans perdre un moment le directeur se rendait auprès du Préfet d'alors, Camescasse, le réveillait et lui communiquait toute l'histoire.

— Relâchez-la tout de suite! ordonna Camescasse.

— Mais on l'a amenée avec le procès-verbal du commissaire de police.

— Déchirez ce procès-verbal !

L'ordre du Préfet fut exécuté exactement. M. Tixier n'a livré à personne le
nom de la voleuse, mais — chose curieuse —
cette histoire et le nom de l'héroïne sont
connus de tout le monde à Paris.

XIII

LA GUILLOTINE

Au coin des rues de Châteaudun et du Faubourg-Montmartre se trouve le café Pousset, bien connu de tout le Paris littéraire. Tous les soirs, après minuit, les journaux du matin une fois composés et à la sortie des théâtres, le café Pousset regorge de journalistes, de littérateurs et d'artistes qui s'attardent là jusqu'à deux heures du matin. Un jour j'étais assis à la terrasse de ce café, avec des confrères, lorsque le collaborateur d'un grand journal parisien nous annonce tout bas : « C'est aujourd'hui qu'on va exécuter Mathelin ! »

Cette nouvelle étonna tout le monde et même révolta quelques assistants. Ce n'est

13.

point que mes confrères éprouvassent une
pitié subite pour le condamné à mort ; les
Français n'ont point cette compassion pour
les criminels qui s'exprime chez nous par
le nom populaire qu'on leur donne de
« malheureux. » La société française, du
haut en bas, sans distinction de partis ni
de religions, est toujours restée convaincue
de la nécessité de la peine capitale. On
peut en juger spécialement par cet exemple
des républicains d'opposition, réclamant
à grands cris, au nom de l'humanité, l'abo-
lition de cette peine et s'empressant de la
conserver, une fois arrivés au pouvoir.
De plus, l'un des reproches principaux
adressés à l'avant-dernier président de
la République, bien avant le procès de
Wilson, était l'extrême facilité avec laquelle il graciait les condamnés et la ra-
reté des exécutions qu'il laissait faire.
Aussi l'étonnement et l'indignation de mes
confrères, à la nouvelle de l'exécution de
Mathelin, s'expliquaient tout simplement
par le bruit qui courait alors que le condamné était phtisique au dernier degré.
« Quoi donc, ils vont le porter sur leurs
bras à la guillotine ! c'est ignoble ! »

— Ne vous indignez pas si vite, répliqua

celui qui nous apportait la nouvelle. Mathelin a tout simplement simulé ; le médecin, chargé d'établir s'il était en effet malade sérieusement, a répondu négativement. Laissons cela ! On a exécuté des gens moins coupables et quant à celui-ci, il n'y a vraiment rien à dire.

A Paris, où le public suit passionnément la chronique criminelle, peu de gens savaient en quoi consistait le crime de Mathelin. Son procès passa tout à fait inaperçu. Voici quel était ce crime. Mathelin, terrassier, avait fait la connaissance d'un vieillard, qui remplissait un emploi de surveillant dans le service du balayage des rues de Paris. Emploi fort pénible, qui nécessite des nuits à passer. Le pauvre vieillard se plaignait souvent à Mathelin de ce travail au-dessus de ses forces et exprimait le désir de trouver dans une province quelconque un emploi de gardien de château ou de jardinier.

— J'ai quelque chose qui vous irait bien, lui dit un jour Mathelin, les appointements sont de 150 francs par mois, et on est tranquille : il s'agit de garder un château inhabité. Seulement on demande un cautionnement de 500 francs.

Le vieillard accepta son offre avec joie. Il possédait quelques cents francs économisés sou par sou et pouvait fournir le cautionnement. Mais sa femme ne voulait rien entendre des propositions faites par un homme aussi antipathique que lui était Mathelin. Elle ne voulait donner les 500 francs pour rien au monde. Pourtant le vieillard profitant d'une absence de sa femme, se saisit de l'argent et partit avec son ami. Ils prirent d'abord le chemin de fer, ensuite il fallait franchir à pied quelques kilomètres à travers une forêt. C'est là que Mathelin assaillit son ami ; il l'étrangla, lui prit son argent et le pendit à un arbre. Le cadavre fut trouvé le lendemain, sans aucun papier sur lui ; la mort pouvait être attribuée au suicide ; on l'avait fait enterrer sans autres formalités, comme « inconnu ».

Le crime de Mathelin serait resté impuni si la femme du vieillard assassiné, d'une énergie et d'une persévérance rares, n'avait pris l'affaire en main. Elle-même se chargea de l'enquête, mena l'instruction, insista, se remua, fit si bien qu'à la fin l'assassin était arrêté. Aujourd'hui Mathelin devait expier son crime.

Il était trois heures du matin quand je quittai le café, en compagnie de quelques journalistes. La nuit était étoilée et douce ; un vent tiède agitait les feuilles tombées des marronniers et qui voletaient sur le pavé avec un sec frôlement. La rue était déserte, le choc de nos pas retentissait comme sur du métal sur les pierres du trottoir. A mesure que nous approchions du quartier de la Roquette, nous voyions çà et là passer des fiacres isolés, emportant des journalistes qui se dirigeaient à la hâte vers le lieu du supplice. Déjà, depuis quelques années, on empêche le public d'assister aux exécutions ; même le jour et l'heure sont soigneusement cachés ; mais les journalistes sont toujours secrètement informés par la police, et on en trouve là un assez grand nombre.

Les rues aboutissant à la place de la Roquette étaient coupées par des barrières en bois, autour desquelles stationnaient quantité d'agents, sous le commandement des officiers de police. Mais sur le trottoir attendaient déjà, debout ou assis, des dizaines de voyous, vêtus de vestes en toile bleue et coiffés de casquettes de soie à trois ponts. Dans l'incapacité de rien distinguer ni entendre, vu l'éloignement de la place de la Roquette, ils n'en restaient pas moins là toute la nuit et, vers le matin, ces voyous commençaient à former déjà une masse compacte de têtes.

Après avoir traversé une rangée d'agents de police, avoir montré nos cartes de journalistes et tourné le coin de la rue, nous arrivâmes à la place. Cette place comprend un espace circulaire qui s'étend entre deux prisons qui se font face : la grande et la petite Roquette. Les énormes portails de fer de ces édifices sinistres sont disposés chacun en demi-cercle, et entre eux, à droite et à gauche, passe la rue de la Roquette, plantée de hauts marronniers. Des deux côtés du perron de la grande Roquette et perpendiculairement se trouvaient également des barrières en bois, près desquelles stationnaient maintenant environ 150 personnes autorisées à assister à l'exécution. Ces barrières sont placées si près de la guillotine, qu'à la chute du lourd couteau, des gouttes de sang du guillotiné éclaboussent les curieux. A la lueur de quelques becs de gaz, au fond de la place, devant nous, étincelaient les casques de la garde républicaine à cheval. A travers le guichet

ouvert dans l'énorme porte de la prison,
on distinguait une raie de lumière jaune
tombant sur le pavé. Le public, où presque
tout le monde se connaissait, causait gaiement; tantôt des éclats de rires s'élevaient
au récit d'une anecdote amusante; tantôt
c'était un nouveau venu accueilli par des
plaisanteries, ou des amis qui s'interpel-
laient mutuellement à travers la barrière.
Les officiers de police, en rencontrant
un journaliste de leur connaissance, lui
serraient la main, s'informaient de sa
santé.

Tout à coup le sabotement régulier
d'une troupe de cavalerie se fit entendre;
les gendarmes parurent et se rangèrent en
demi-cercle au fond, vis-à-vis la porte de
la prison. Quelques instants après, au loin,
à droite, on entendit un bruit de chariots
qui arrivaient avec lenteur; les gendarmes
arrêtèrent leurs chevaux, laissant un espace
vide, et nous vîmes deux fourgons gris,
attelés de chevaux blancs. En ce moment,
l'horloge de la prison sonna quatre heures.
Le public se rapprocha et tous les regards
se dirigèrent vers ces fourgons, semblables à ceux dans lesquels voyagent les sal-
timbanques de foire. Du premier un petit

vieillard sauta à terre, vif, en chapeau
haut de forme, en paletot foncé, large, avec
un cache-nez blanc en soie entourant son
cou, et se dirigea tout en boitant, avec ses
jambes arquées, et en s'appuyant sur son
parapluie, vers un officier de police. Désignant quelque chose de notre côté, il se
mit à parler avec animation. C'était le
bourreau principal, Deibler.

Il se trouvait à deux pas de moi et je
pouvais l'examiner à mon aise. C'est un
homme de soixante ans, au visage rouge,
encadré d'un collier gris de barbe, sans
moustaches. Il a des sourcils épais, touffus,
au-dessus de petits yeux abrités derrière des
lunettes. La lèvre inférieure avance fortement. Rien de spécial, rien qui puisse indiquer sa profession; un bourgeois, un grand-
père taciturne, peut-être un peu grognon.
En effet, il est grand-père; sa fille est mariée
à un jeune homme brun, aux yeux noirs et
aux cheveux noirs, l'un de ses quatre
aides; c'est lui qui sera probablement,
dans son honorable profession, le succes-
seur de son beau-père, et touchera après
lui ses 4,000 francs d'appointements. Deibler vit comme un petit bourgeois, un rentier, au troisième, dans une des rues qui

avoisinent la grande Roquette; il aime à
jouer du violon et déteste les journalistes.
Il s'est marié avec la fille de son prédéces-
seur Hendrich dont la physionomie a été
décrite si artistement par Tourguenieff,
dans l' « Exécution de Tropmann ».

Les fourgons s'étaient arrêtés en face de
nous, près du trottoir. Des ouvriers en
blouse bleue (les aides du bourreau) je-
tèrent des couvertures sur les chevaux,
attachèrent à leurs museaux des musettes
pleines d'avoine et ouvrirent la porte de
l'un des fourgons. Ils en tirèrent deux seaux
et les déposèrent près de notre barrière,
puis des charpentes diverses, des planches,
deux piliers, quelques planchettes, deux
caisses. Puis on alluma une lanterne close,
ouverte seulement d'un côté, et sa lumière
vacillante se mit à courir en reflets dan-
sants sur les dalles du pavé.

— Qu'est-ce qu'il vous a dit? demandai-je à l'un des officiers de police qui
s'approcha de moi.

Il haussa les épaules.

— Il n'est pas content que les barrières
soient rapprochées de la guillotine; il dit
qu'il n'aime pas que le public le regarde
ainsi, avec des yeux écarquillés.

Cependant, à quelques pas de moi, on mettait en croix deux lourdes barres de fer, peintes d'un rouge foncé. Deibler tira de sa poche un niveau et l'appliqua plusieurs fois sur elles pour s'assurer de leur horizontalité. Puis sur les bords de la barre transversale, dans un orifice spécial, on fixa verticalement, à une petite distance l'une de l'autre, deux fines colonnes de chêne, de trois mètres de haut. Tout cela était exécuté assez vite. Mais pour ajuster la barre transversale, à laquelle s'adapte une poulie, servant à lever et à baisser le couteau, il fallut plus de temps. Mais voilà la chose faite. On attache encore une lourde plaque en fer (elle pèse 60 kilos) à la traverse et c'est à cette dernière que le couteau même est vissé. Tout ce travail a demandé juste une heure.

Cinq heures sonnent quand Deibler, qui pendant tout ce temps donnait des ordres d'un air affairé, clopin-clopant et sautillant pour ainsi dire sur ses jambes arquées et toujours appuyé sur son parapluie, essaye l'action du couteau. Il presse le déclic, le bloc se détache et le couteau avec une vitesse accélérée tombe, avec un bruit lourd et mat. Après s'être assuré à plusieurs reprises du bon fonctionnement du couteau, le bourreau commence d'autres essais. La guillotine, comme on peut en juger par la description faite, est posée au ras du sol même : elle n'a ni échafaudage ni marches. Mais elle possède pour ainsi dire deux bras, dirigés en avant et horizontalement relativement aux piliers verticaux, et à une petite distance du sol. Entre ces bras se trouve une planche rouge, jouant sur charnière, d'une hauteur d'un mètre et demi. Si l'on appuie sur cette planche, elle s'abat sur les bras mentionnés et glisse en avant vers la demi-lune qui s'ouvre sous le passage du couteau.

Il sera bientôt six heures. Le ciel commence à s'éclaircir ; l'air devient humide et froid. Le couteau de la guillotine brille d'une lueur sinistre ; brillent également les casques et les armes de la garde républicaine et des gendarmes qui, immobiles sur leurs chevaux, semblent plantés en terre. On cause plus bas ; les rires se sont éteints, le public commence à s'occuper de Mathelin : s'il dort ou non, comment il va mourir, avec l'assurance qu'il a montrée devant le tribunal, ou si, au dernier moment, son courage va l'abandonner.

Entre les barrières l'agitation augmente, les gardiens de la prison courent ; des hommes en noir parlent bas : ce sont les aides du bourreau, qui ont ôté leurs blouses et mis leurs redingotes ; le commissaire de police paraît, accompagné de son secrétaire, puis le procureur, l'inspecteur qui a arrêté Mathelin et qui a l'air triomphant aujourd'hui, le chef de la police municipale et beaucoup d'autres. La raie de lumière jaune disparaît, derrière la porte fermée.

Je ne saurais dire combien de temps s'est passé. Je m'aperçois tout à coup qu'il fait grand jour ; le ciel couvert d'un léger brouillard s'empourpre sur le fond clair; tranchent avec netteté les uniformes bleus aux épaulettes rouges, couleur de sang, et les brandebourgs blancs des gendarmes, ainsi que les casques étincelants que j'aperçois entre les colonnes minces de la guillotine qui maintenant paraît très haute. Tout à coup les sabres tirés retentissent, l'énorme porte en fer se met à grincer et s'ouvre brusquement en laissant passer un groupe d'hommes.

Vite le patriarcal Deibler se met à clopi-
ner, et derrière lui apparaît, en sautillant
à petits pas, un être grand et terrible. Les
cheveux rasés de près, les mains attachées
en arrière, les pieds entravés, il s'élevait
au-dessus de tous, de sa haute taille
un peu courbée, le visage tordu par un
rictus Cette figure avait des yeux gris
qui se fixèrent un moment sur moi, puis
son regard dévia vers la guillotine et, toujours sautillante, l'apparition s'éloignait,
soutenue par l'aumônier et par l'aide du
bourreau. Le cou du condamné était tout
à fait dénudé, plus bas que les clavicules,
et toute sa peau était jaune.

Il s'approcha de la guillotine, embrassa
rapidement le crucifix doré qu'on lui tendait tandis qu'il restait près de la planchette rouge fixée à la guillotine verticalement, et, brusquement, on le poussa : il
trébucha et s'approcha, en même temps que
la planchette, de la demi-lune. Au même
instant le couteau tomba lourdement,
comme dans une boue épaisse, et un petit
bruit sec se fit entendre. C'était la tête de
Mathelin qui roulait dans un panier placé
en bas. En même temps une odeur désa-

gréable et douceâtre se dégageait. On ne
voyait pas une goutte de sang sur le pavé ;
même dans le panier, comme on me le
dit, il n'y avait pas plus d'un demi-litre de
sang.

XIV

LE SUICIDE EN FRANCE ET EN EUROPE

« Trois portes s'ouvrent par lesquelles nous quittons l'arène de la vie : l'une, d'une largeur et d'une hauteur colossales, à travers laquelle sont emportées des foules tous les jours plus considérables et qui est la porte des maladies ; l'autre, de dimension plus petite et qui se rétrécit toujours, c'est la porte de la vieillesse ; enfin, la troisième, triste, sinistre, tachée de sang, s'élargissant chaque jour davantage, c'est la porte de la mort violente et surtout du suicide ». C'est ainsi qu'écrivait, en 1742, le célèbre Sussmilch. Et nous, cent cinquante ans plus tard, nous voyons avec terreur cette troisième porte

redoutable prendre des dimensions tout-
à fait fantastiques : des dizaines de mille
de suicidés, pendus, la corde au cou,
noyés enflés, crânes fendus, ceux qui se
sont coupé la gorge, ceux qui se sont
empoisonnés ou poignardés, courent tout
sanglants, dans une terreur panique, sous
la porte sinistre, dans la hâte de quitter
cette vie, de se plonger dans l'abime noir
du néant.

Examinez ces figures d'angoisse et de
terreur, vous distinguerez parmi elles des
jeunes hommes imberbes, des adolescents
et même des enfants, dont le nombre dans
cette foule infernale et dantesque chaque
année s'accroît et augmente. Qu'est-ce que
cela veut donc dire ? La pensée surexcitée
de l'homme travaille avec une vitesse
extraordinaire, chaque jour apporte dans
le monde la lumière d'une vérité nouvelle, qui éclaire les foules jusqu'à présent
dans les ténèbres ; la science invente toujours de nouveaux perfectionnements,
accumule les découvertes pour le bien de
l'humanité ; la vie devrait paraître plus
belle et plus douce ; des fils innombrables
auraient dù nous rattacher à elle et, au
lieu de cela, nous constatons, au contraire,

un énorme abaissement dans la valeur de la vie humaine, nous assistons au colossal suicide des hommes ; en Europe seulement, chaque année ne compte pas moins de 25.000 cas de suicides ! La vitesse avec laquelle ce mal progresse est vraiment monstrueuse. En Russie, par exemple, dans l'espace de cinq ans, de 1873 à 1877, le nombre des suicides s'est accru de 53 0/0 (depuis 2.826 en 1873 jusqu'à 4.330 en 1877). En Saxe, il a augmenté de 70 0/0 (de 1871 à 1878) ; dans le duché de Bade, de 51 0/0 (de 1855 à 1875) ; en Bavière, de 60 0 0 (de 1872 à 1877). En France, de 1830 a 1878, le chiffre des suicides s'est élevé depuis 1.739 jusqu'à 6.434, c'est-à-dire qu'il a augmenté du triple ! En Autriche, en 1865, il y avait 1.464 suicides, et, en 1877, 3.148, etc., etc.

Le suicide, évidemment, n'est pas chose nouvelle ; il a existé de tous temps et partout ; mais son caractère antique se distingue tout à fait de celui qu'il affecte aujourd'hui. Un kamtchadal qui se tue pour échapper à la faim et à la souffrance, ne se suicide pas, à proprement parler ; il ne fait qu'une opération avantageuse, en échangeant sa vie déplorable pour une meilleure où les rennes et la graisse abondent et où l'homme n'est jamais malade. Les nègres de l'île de Cuba, en exécutant leurs célèbres suicides en masse (en 1845) n'ont pas fait autre chose que se débarrasser en route d'un fardeau gênant, convaincus de ressusciter au bout de trois jours, sains et saufs, dans leur patrie : ce n'était là qu'une méthode ingénieuse d'évasion, pour échapper au maître et qui mettait le fugitif à l'abri même de la poursuite des chiens. Il suffit aux autorités de l'île de Cuba de publier un décret qui ordonnait de brûler les cadavres des nègres suicidés et d'en jeter les cendres à la mer pour que l'épidémie prit immédiatement fin. On peut ranger dans la même catégorie les suicides bien connus de nos sectaires russes, qui, au siècle dernier, se faisaient brûler par centaines dans leurs ermitages, pour fuir l'Antéchrist. Les suicides de l'Europe occidentale ont un caractère tout différent: les gens se tuent, comme nous allons le voir plus bas, sans aucun désir ni espoir de recommencer ailleurs la vie dans de meilleures conditions, mais pour la plupart dans le but bien déterminé « de s'oublier et de s'endormir » pour toujours dans la mort. Dans l'antiquité, le suicide était considéré non seulement comme un acte impie, mais encore comme déshonorant et malhonnête comme le vol et le meurtre, et même pis. A Athènes, le corps du suicidé devait subir un châtiment infâme. Le bourreau lui coupait un bras, que l'on brûlait publiquement ou que l'on enterrait séparément du corps. Il y avait des exceptions, lorsque la loi autorisait les suicides: mais alors, tel qui tenait à s'arracher la vie devait paraître devant l'aréopage et défendre sa cause. Si l'aréopage prenait en considération la demande du requérant, libre à lui, en tout bien tout honneur, de s'expédier *ad patres*. Une coutume semblable avait cours à l'époque de Valère Maxime à Marseille. Les autorités tenaient même le poison à la disposition des amateurs dont les motifs de suicide recevaient l'approbation du sénat.

A Thèbes on brûlait le cadavre du suicidé, d'une façon infamante, en l'absence de la famille et sans aucune cérémonie religieuse. Jusqu'à quel degré de sévérité on traitait le suicide à Sparte, on peut en juger d'après le fait d'Aristodème qui, accusé, à la bataille de Platée, de s'être jeté en furieux au milieu des ennemis avec le désir évident d'y trouver la mort (ce qui arriva en effet), fut, pour cette raison, privé des honneurs funéraires.

Les anciens Arméniens considéraient la maison du suicidé comme maudite et on la brûlait. A Rome, il existait également des lois contre le suicide, quoique à l'époque de la décadence, on allât jusqu'à le considérer comme un héroïsme. En revanche, le christianisme, dès l'origine, condamna sévèrement le suicide. Les autorités se trouvèrent, dans cette occasion, d'accord avec l'Eglise.

Une loi française du XIIe siècle règlemente la punition de la manière suivante : « Si l'homme se tue, il faut traîner son corps dans les rues de la façon la plus cruelle, pour donner un exemple aux autres, et ensuite il faut le faire pendre ; son corps doit passer non par la porte, mais par un trou spécialement pratiqué, attendu qu'il n'est pas digne de sortir autrement. » Saint Louis ajouta encore à cette peine la confiscation des biens. Cette loi subsista jusqu'à la grande Révolution française. Dans les mémoires de Dangeau, par exemple, on trouve à ce sujet la note qui suit, assez naïve : « Aujourd'hui le roi a fait cadeau à Mᵐᵉ la Dauphine d'un homme qui se tua. Elle espère en tirer beaucoup d'argent. »

A présent, les lois de ce genre sont presque partout abolies et, là où elles existent encore, elles présentent des anachronismes bizarres et ne sont jamais appliquées dans la pratique. Il est injuste de rendre responsable la famille du suicidé sur laquelle tombe toute la sévérité de ces lois, d'un acte dont elle est moins coupable que la société même. Et l'idée même de punir l'homme de ce qu'il est malheureux et ne se conduit pas en héros, est aussi injuste. Mais, pour nous, les lois mentionnées ont une autre signification, symptômatique, pour ainsi dire. Le suicide ne pouvait être aussi sévèrement envisagé que parce qu'il représentait alors un phénomène monstrueux à force d'être rare. D'un autre côté, la haine et le mépris que la société professait pour les suicidés, nous montrent à quel prix la vie humaine était appréciée. Dès que les suicides se manifestent en nombre considérable, les notions de la société se modifient à son sujet, et les lois deviennent moins sévères ou ne sont plus du tout appliquées. C'est ce qui arriva à l'époque des empereurs. Marc Antoine trouva nécessaire de promulguer la loi suivante : « Si votre père ou votre frère, sans être accusé d'un crime quelconque, se tue soit pour échapper à la souffrance, soit par dégoût de la vie ou par désespoir, ou par faiblesse d'esprit, son testament doit être considéré comme valable et ses héritiers lui succèdent suivant l'ordre du testament. » Comment la société romaine considérait le suicide à cette époque, tout le monde le sait. Avant la Révolution française, lorsque les conditions de la vie sociale eurent pour résultat la multiplication rapide des suicides, non seulement les manières de voir de la société changèrent et s'adoucirent, mais les lois dont il est question trouvèrent des adversaires puissants dans la personne d'hommes de génie, comme Montaigne, Beccaria, Montesquieu, Voltaire et même Rousseau qui, à une certaine époque, avait écrit contre le suicide. En général le XVIIIme siècle s'est vivement préoccupé des questions mêmes qui nous intéressent ; c'est à lui qu'il faut rapporter plusieurs des meilleurs ouvrages qui traitent ce sujet, ceux, par exemple, de Jean Dumas (1773), Dubois de Launay (1782), Mme de Staël (1794), Barbeyrac, Duvergier de Hauranne, et d'autres.

Aujourd'hui le suicide n'est plus considéré comme infamant; il est trop fréquent. Bien plus, on l'entoure maintenant d'une auréole poétique, poétisation qui doit être considérée comme un effet de notre état maladif, tant social que psychique.

Examinons maintenant les causes de ce triste phénomène. Pour résoudre cette question, il suffira d'analyser avec attention les conditions des personnes qui se suicident et de se demander tout d'abord : Qui est-ce qui se tue?

De tous les suicides qui ont lieu en Europe, 15 à 25 0/0 sont le fait de la femme.

Le plus grand nombre de ces suicides féminins se rencontre en Angleterre (25 0/0), ensuite en Suède, Norvège, Hongrie et Danemark (23 0/0), Hollande et France (21 0/0), Russie et Italie (20 0/0), et le nombre le plus faible en Belgique (15 0/0). On pourrait croire que les suicides des femmes se présentent principalement dans les grandes villes et sont très rares dans les campagnes où la femme mène une vie plus tranquille et où son existence est plus assurée. Cependant ces conjectures ne se trouvent pas vérifiées : en France, Italie, Prusse, Suède, Norvège et Danemark, c'est tout le contraire : le nombre des suicides féminins, dans les villages, est bien supérieur à celui qui se rencontre dans les villes. Par exemple, dans les cités françaises, le nombre des suicides des femmes est de 20 0/0, et, dans les villages, de 22 0/0 ; en Prusse, la proportion est de 19 0/0 et 21 0/0, etc.

Dans toute l'Europe (excepté l'Autriche) la femme se suicide surtout dans sa jeunesse. Jusqu'à 35 ans et dans quelques pays jusqu'à 40 (et même 50), le nombre des suicides des femmes surpasse celui des hommes et dans une proportion assez considérable. Par exemple, en France, sur 1000 sujets, comptant de 16 à 20 ans, il y a 28 suicides d'hommes pour 57 suicides de femmes ; de 16 jusqu'à 30 ans, les hommes comptent 142 suicides et les femmes 194.

L'influence favorable de la vie conjugale sur la diminution du suicide est un fait indéniable. Et cependant les dernières statistiques ont fortement ébranlé cette certitude, au moins par rapport à quelques pays d'Europe. En France, sur 1 million d'adultes, on compte 80 suicides de jeunes filles et 80 de femmes mariées ; en Italie, ce rapport est de 19,8 (pour les jeunes filles) et 20,1 (pour les femmes mariées) ; en Saxe, les jeunes gens se suicident moins que les gens mariés ; quant à ceux-ci, ils se dépêchent de divorcer (c'est en Saxe qu'il y a le plus de divorces) ; en Prusse, les femmes se tuent bien rarement, mais les gens mariés se tuent presque aussi souvent que les jeunes gens. Je ne peux trouver d'explication plausible aux proportions invraisemblables que, dans les pays où le divorce est en vigueur, prennent les suicides des divorcés ; par exemple, en Saxe, on compte sur 1 million d'individus 141 suicides de célibataires, 318 de gens mariés, 550 de veufs et 1400 de divorcés. Les suicides de personnes veuves se présentent bien souvent, mais la chose provient évidemment, non pas tant de la position particulière que d'un autre fait plus général ; les veufs et les veuves sont, dans la plupart des cas, des vieillards, et la vieillesse, contrairement à ce qu'on croit, fournit le plus de suicides.

De 50 à 60 ans, le nombre des suicides est deux fois plus grand que de 40 à 50 ans. La cause de ce phénomène est sans doute la pauvreté. A vieillir, les forces s'affaiblissent, apparaissent les maladies incurables et le travail devient impossible ; il ne reste à l'ouvrier invalide qu'à choisir entre mendier ou mettre fin par force à sa vie misérable.

Mais il a une famille, dira-t-on, des enfants adultes qui pourraient l'entretenir.

Assurément, mais l'observation ne s'applique qu'aux familles pourvues d'une aisance plus ou moins appréciable et non aux prolétaires de l'Europe occidentale qui souvent, trop souvent même, pour s'épargner la douleur de voir leurs enfants mourir de faim, les abandonnent ou les font entrer dès l'âge le plus tendre dans les fabriques et les usines. De pareilles conditions laissent peu d'espoir de voir un ouvrier en position d'entretenir ses vieux parents. A la campagne, la situation économique est meilleure. Mais là, en revanche, une autre cause de suicide intervient : la passion du gain qui s'est propagée ces temps derniers, dans les campagnes, d'après plusieurs observations

faites en France et dans les autres pays
de l'Europe. Cette passion fait que « si le
père de famille a, de son vivant, partagé
son bien entre ses enfants, en se conser-
vant une place à leur foyer et à leur table,
ces derniers, cédant à leurs désirs criminels, traitent les pauvres vieillards de façon
à les obliger dans la plupart des cas, à
mettre fin à leurs souffrances. » (Paroles
d'un statisticien français bien connu,
Legoit).

Sur la même ligne que le suicide fréquent des vieillards il faut mettre le fait
connexe de l'ivresse dont l'habitude se
développe rapidement dans la période de
la 15e à la 16e année. C'est le moment où
le salaire de l'ouvrier commence à diminuer progressivement.

On a souvent soutenu que le suicide
constituait pour ainsi dire le privilège de
l'esprit, de la fortune, du talent, du génie.
Cette idée, quoique juste, si l'on veut, en
général, entraîne à des conclusions in-
exactes. On croirait qu'un fabricant ras-
sasié de biens, un savant, un médecin, un
avocat, un juge, un homme de lettres, un
rentier soient plus portés à se lasser de la
vie, et, par conséquent, à se tuer. Il

n'en est rien. En 1876, sur 1.000.000 d'hommes de toutes les classes, comme nous le voyons plus bas, les suicides se répartissent comme suit :

Agriculteurs	Ouvriers	Marchands
H. 233,45	868,68	200,00
F. 59,42	135,73	20,95

Service	Profes. libres	Sans prof. ou prof. inconnue
H. 184,00	760,84	4.400,75
F. 90,74	195,86	2.758,40

Eh bien ! où sont ceux qui se tuent le plus ?

En premier lieu les sans profession, que le statisticien cité plus haut, Legoit, dénomme justement « les misérables » ; ensuite vient le prolétariat ouvrier, puis le prolétariat « intellectuel » placé sous la rubrique des « professions libres » : des artistes inconnus, des médecins sans clients, des avocats sans causes, des hommes de lettres qui ne réussissent pas à vendre leurs ouvrages, des petits ouvriers. Tout cela constitue une vaste classe éparse dans la société contemporaine, en France, et en généra dans toute l'Europe occidentale. La classe qui fournit le moins de suicides est celle des commerçants, les maitres du monde bourgeois contemporain, puis celle des domestiques et des agriculteurs.

La nature des occupations de ces derniers devrait, semble-t-il. les préserver du suicide, et, cependant. nous voyons que les agriculteurs se tuent plus souvent que les domestiques et encore plus souvent que les marchands, qui mènent une vie pleine de troubles et d'accidents. La cause de ce phénomène apparent provient certainement de la confusion de la statistique officielle qui, dans la classe agricole, néglige de distinguer entre les paysans propriétaires fonciers et les paysans prolétaires. Quiconque a habité un village français doit savoir quelle profonde différence existe entre ces deux classes. Les premiers, c'est-à-dire les paysans propriétaires, sont avares, conservateurs, étroits, ayant pour tout rêve et pour toute ambition de pousser leur fils, généralement unique, d'en faire un bourgeois, un avocat, un médecin, ou au moins un richard au village. Les seconds sont de misérables ouvriers faméliques qui travaillent pour tout le monde ; chargés de famille nombreuse, ils demeurent dans des masures qu'ils louent et se nourrissent très mal. L'ivrognerie est très répandue parmi eux. C'est parmi ces malheureux-là que le suicide se propage avec une rapidité incroyable. J'invoquerai à l'appui de mon opinion l'exemple de l'Angleterre, où le suicide, dans les comtés agricoles par excellence, comme Serrey, Kent, Sussex, Hampshire et Barkshire est plus répandu même que dans les contrées industrielles. Et il est avéré qu'en Angleterre l'expropriation du petit agriculteur est chose accomplie depuis longtemps, de sorte que le prolétariat rural y est plus misérable que partout ailleurs.

Nous avons vu que c'est la classe des commerçants qui fournit le moins de suicides.

Les juifs, dont la profession principale sur toute la surface de la terre consiste dans le commerce, en donnent la meilleure preuve. Le suicide est une chose bien rare chez eux. Parmi toutes les nations de l'Europe, ce sont eux qui se tuent le moins. Les protestants, en Allemagne, pratiquent le suicide plus souvent que les catholiques.

Les suicides qui ont lieu dans l'armée,

et ceci dans toute l'Europe occidentale, sont très fréquents. Ainsi, par exemple, en France, le nombre des suicides parmi les hommes de 21 à 24 ans était de 287 sur 1.000.000 d'individus, tandis que dans l'armée, sur 1.000.000 de soldats du même âge, ce chiffre s'élevait à 328 ; en Prusse, en 1872, sur 1.000.000 de soldats, il y avait 620 suicides, tandis que dans le reste de la population (depuis 20 jusqu'à 30 ans), il n'y en avait que 394. En France, à partir du jour où l'on a abaissé la durée du service militaire (1874) le suicide s'est mis à diminuer considérablement. En 1875, dans l'armée, sur 382.816 hommes, il y avait 168 suicides ; en 1877, sur le total de l'armée permanente de 440.000 hommes, il n'y en avait que 135 cas, tandis qu'en Prusse, malgré les trois ans de service militaire, d'après les renseignements officiels, le suicide est en progression croissante, surtout depuis la guerre franco-allemande. Il est à remarquer qu'un nombre relativement grand de suicides militaires doit être attribué non seulement aux simples soldats, mais aux officiers supérieurs qui servent, non par force, mais librement.

En raisonnant *a priori* on croirait que

l'emprisonnement dût toujours exercer
une influence fatale sur le suicide. Les
faits ne coïncident pas absolument avec
cette hypothèse. Tous les investigateurs
français affirment qu'avant ces derniers
quarante ans le suicide dans les prisons
françaises était un phénomène très rare,
presque inconnu. Ainsi, au bagne des for-
cats de Rochefort, dans l'espace de 30 ans,
(jusqu'à 1835) il ne se présenta pas un
seul cas ; de même pour le bagne de Toulon
(jusqu'à 1818) où la population moyenne
était de 3.922 forçats par an, etc.

Maintenant tout est changé : les suicides
sont fréquents dans les prisons. Mais
tandis que, dans les prisons communes, le
suicide est deux ou trois fois plus fréquent
que dans l'état de liberté, dans les cellules
individuelles il est encore dix fois plus
fréquent et même davantage. A Paris on
compte 83 suicides par an dans les trois
prisons cellulaires sur 33.454 prisonniers;
ce qui veut dire : sur 1.000.000 de prisonniers — 2,480 suicides, tandis que dans la
population libre de Paris la proportion
est seulement de 327. La plupart se suicident dans leur première année de prison ; ainsi, par exemple, dans les prisons

de détention préventive, sur 1.000.000 de prisonniers il y a 1.084 suicides, et dans les prisons centrales il n'y en a que 189. On remarque 70 0 0 de suicides parmi les prisonniers inoccupés.

Les guerres et les diverses crises politiques ont pour résultat la diminution des suicides. En revanche, dans les années qui suivent de pareils événements, le nombre des suicides augmente presque toujours. Les crises économiques, autrement dit les krachs, agissent tout autrement : elles produisent une augmentation rapide et considérable du nombre des suicides.

Sans chercher à tirer une analyse plus détaillée des chiffres de la statistique, nous nous croyons en mesure de formuler dès maintenant les conclusions suivantes : l'accroissement du suicide suit une marche parallèle au développement du prolétariat de l'Europe occidentale ; le plus grand nombre de suicides se recrutent parmi les vieillards restés à la fin de leur vie sans soutien ni aucun moyen d'existence ; viennent ensuite les ouvriers des fabriques, la plus intelligente classe du peuple, mais aussi celle qui souffre le plus et la plus capable de comprendre sa misérable position: se tuent également les ouvriers, qui, mal nourris, ont recours à la boisson pour exciter leur activité musculaire: se suicident aussi les prolétaires du travail intellectuel. Le développement du prolétariat amène encore dans toute l'Europe la diminution des mariages, par suite de la dépravation des mœurs, et pousse un grand nombre de femmes au suicide. A l'âge soi-disant de l'amour, par suite de l'aggravation des conditions économiques de la vie, le calcul joue un rôle principal dans les unions, d'où la difficulté de la position de la femme dans la famille faussée et l'augmentation du nombre des suicides parmi les femmes mariées. Ainsi ce n'est nullement la civilisation ni la propagation de l'instruction qui favorisent le développement du mal en question, mais bien la pauvreté et l'impossibilité de satisfaire aux besoins considérablement accrus des hommes. Pour le combattre, les moyens ne manquent pas, et il faut combattre.

XV

CHEZ M. MAGNAN

Au sud de Paris, dans un quartier peuplé de chiffonniers, s'élève une ville entière, ceinte d'une infinie muraille grise. De la rue, au-dessus du mur, on n'aperçoit que les étages supérieurs des bâtiments officiels, épars çà et là, et leurs toits rouges. Au premier coup d'œil, on croit à une prison, mais à regarder plus attentivement, vous vous convaincrez qu'il s'agit d'autre chose, d'une chose encore plus triste, qui vous serre le cœur. C'est l'Asile Sainte-Anne, l'hospice pour maladies mentales du département de la Seine.

Celui qui a visité Paris et qui n'a pas pénétré là, ne connaît que le Paris exté-

rieur, élégant et rieur, la ville aux boulevards illuminés, aux vitrines étincelantes,
aux flambants magasins de luxe, à la foule
gaie, aux refrains joyeux et aux mœurs
légères; mais il ignore le Paris tragique
qui s'acharne à lutter pour la richesse,
pour la gloire, pour tous les idéals imagi-
nables, grandioses et mesquins, qui souffre,
tombe et meurt, sans avoir atteint le but...
Qui ne craint pas de se lever de bon matin
doit aller un dimanche d'hiver à la conférence du professeur Magnan, à l'Asile
Sainte-Anne. Il assistera là à un spectacle
attristant, mais instructif. Il verra défiler
devant lui les victimes vaincues de la lutte
pour l'existence, des images vivantes de ce
que produit notre imparfaite civilisation
intensive, qui brûle le cerveau et la vie
des hommes. Bien des choses qui restent
incompréhensibles dans la vie française,
deviennent claires et s'expliquent d'elles-
mêmes après les conférences de M. Magnan.
Par exemple, partout en Europe, les Français sont considérés comme des gens légers,
gais, sans aucune vie intime profonde. Et
cependant ces étourdis se suicident plus
souvent que tous les Allemands, Espa-
gnols, Italiens, (jusqu'à 7.000 hommes par

an!) Ils économisent plus que toutes les autres nations, et pourtant l'ivrognerie a doublé dans l'espace de trente ans, et elle augmente chaque année, dans une proportion effrayante. La stérilité devient chose courante dans la race française, l'accroissement de la population tombe tous les ans à un chiffre plus bas; sur 10.000 hommes, il y a 10 crétins et idiots et 15 fous. En un mot, la nation offre des indices de dégénérescence. Le plus étonnant est que cette tendance même, si louable, à amasser des économies, n'amène souvent que des résultats désastreux. L'ouvrier s'impose toutes sortes de privations, pour mettre un sou de côté, en prévision des jours malheureux; il mange mal, la nourriture étant chère, mais, en revanche, il boit du vin empoisonné, et de l'eau de vie pour exciter ses muscles. Il ne boit pas beaucoup, mais constamment : le matin à jeun, à midi pendant le déjeuner, à quatre heures et au dîner. Le tout suffit pour qu'il devienne, à la longue, un alcoolique sans le savoir, et le voilà à la fin qui échoue à l'hôpital avec le *delirium tremens* ou un commencement de paralysie générale. Il y a quelques années, M. Magnan possédait un cas bien caractéristique sous ce rapport.

Il s'agissait d'un homme qui, sortant d'une de ces colonnes publiques, appelées, pour je ne sais quelle raison, vespasiennes, se rencontra avec un individu inconnu, sortit un revolver et le tua raide. L'assassin fut arrêté et, en le fouillant, on trouva dans son sabot quelques billets de mille francs. « Pourquoi avez-vous tué un homme qui ne vous avait rien fait? » lui demanda-t-on. — « Parce qu'il m'ensorcelle, pour pouvoir m'enlever mon argent. » Le docteur reconnut facilement en lui un alcoolique, devenu tel par la passion d'économiser et qui s'en trouvait victime.

Voici encore un autre cas. On introduit dans l'auditoire un ouvrier mécanicien, bel homme et d'une grande taille, environ quarante ans; ses yeux gris sourient follement, toute sa figure exprime un contentement de soi-même extraordinaire. « Bonjour, MM. les ministres et ambassadeurs, je vous remercie bien de venir à mes noces », dit-il d'une manière dégagée, tout en bredouillant; et, serrant les mains aux auditeurs des premiers rangs — « Je me marie avec la fille de Grévy... Je suis

Grévy moi-même... Et ce n'est pas tout,
je suis riche à millions, j'ai quarante mille
milliards de rentes... » Magnan le laisse
parler quelque temps, puis met la main
sur son épaule et lui demande tranquillement : « Combien gagnez-vous par
jour ? » — « Cinq francs, Monsieur le professeur !... » Ce délire incohérent est un
symptôme caractéristique de la paralysie
générale du cerveau. Et son histoire est
presque identique à celle du malade précé-
dent. La perte de leur petite aisance agit
terriblement sur ces pauvres gens-là.
Ébranlé par la lutte et les privations,
l'organisme rarement résiste à de pareils
coups. Je me souviens de la scène suivante qui, à la conférence de M. Magnan,
avait fait une impression profonde sur les
auditeurs :

— Maintenant, Messieurs, disait le professeur, je vais vous montrer un autre
exemplaire du même délire maniaque.
Vous allez voir quels aspects différents il
peut présenter. Le malade qui va venir
était commis dans une grande maison
de commerce, rue Saint-Honoré, et il
a perdu toutes ses économies dans le
krach Bontou et Cie. Il a perdu en un jour

tout ce qu'il avait amassé à force de privations et pendant plusieurs années. De ce moment son esprit s'est égaré pour toujours et sans espoir de guérison. Vous allez voir quelle forme caractéristique a prise son délire.

Au signal donné la petite porte sombre du fond s'ouvrit, et sur l'estrade apparut un homme en blouse bleue, avec un grand portefeuille sous le bras. Derrière, à une certaine distance, s'arrêta le gardien. Le malade semblait avoir trente-cinq ans. Basané de visage, avec une barbe épaisse qui commençait aux yeux, à demi cachés par de longs cils, il entra et s'arrêta, la tête baissée. Il est douteux qu'il pût comprendre où il était ou qu'il remarquât l'auditoire du professeur et les inconnus qui l'entouraient. Des idées incompréhensibles avaient complètement submergé son pauvre cerveau.

— Bonjour, mon ami, avez-vous bien dormi? lui demanda le professeur, en le prenant par la main.

Le malade secoua la tête distraitement.

— Je croyais, continuait Magnan, en posant sa main sur son épaule, je croyais vous faire plaisir en vous donnant l'occasion de parler devant cette assemblée de savants. Ces personnes pourront vous comprendre et vous apprécier. Ne voulez-vous pas exposer devant eux votre découverte?

Un rayon de bonheur glissa sur le visage du malade, ses yeux s'animèrent pour un instant ; il s'approcha de la balustrade, prit la pose inspirée d'un prophète et commença en ces termes :

— Hommes-frères ! Nous en avons assez de la haine fratricide, des tromperies et des brigues réciproques. Nous sommes créés pour le bonheur et la joie, nous sommes créés pour l'amour ! Vous vous êtes tourmentés et vous avez souffert jusqu'ici parce que vous ne pouviez pas contenter vos besoins ; c'est pourquoi vous étiez méchants, c'est pourquoi vous vous faisiez la guerre et vous voliez les uns les autres. Le gouvernement exigeait de vous des impôts que vous ne pouviez pas payer, vos enfants pleuraient parce que vous ne pouviez leur donner à manger. Maintenant tout cela est fini. J'ai trouvé un moyen, qui rendra heureux tous les hommes pour l'éternité, essuiera toutes les larmes, réalisera sur la terre l'âge d'or. Désormais la France, le monde entier ne seront plus que champs féconds et prairies riantes.

Il parla environ dix minutes, se laissant entraîner toujours davantage et sa bonne figure semblait pleine de tendresse et de tristesse. Le professeur l'arrêta tout à coup : « Veuillez montrer à l'assemblée des savants les diplômes que vous avez reçus dans les différentes communes de France ».

Le malade ouvrit le portefeuille et de grandes feuilles de papier d'emballage en sortirent, sur lesquelles étaient collés des morceaux de papier blanc. Sur plusieurs d'entre eux étaient écrites toutes sortes de sottises. C'étaient les élucubrations des scribes des mairies, où il se présentait en les priant de lui délivrer un diplôme. Muni de ces documents il s'efforçait de pénétrer jusqu'à Grévy pour le gagner à son projet. C'est au palais de l'Elysée qu'on l'avait arrêté.

— A présent, voulez-vous expliquer au public en quoi consiste votre système, demanda Magnan au malade ?

Fronçant tout à coup ses sourcils, le sujet baissa la tête et se mit à débiter des absurdités extraordinaires.

Le professeur insistait, le priant de donner des explications plus claires ; alors la physionomie du fou s'assombrit, une agitation désordonnée s'empara de lui et on fut obligé de l'emmener.

Encore heureux quand ces insensés n'ont pas de descendance ; malheureusement beaucoup sont mariés et ont des enfants. La plupart des habitants de la Salpêtrière, de Bicêtre et de l'Asile Sainte-Anne sont des descendants d'alcooliques, d'épileptiques et d'aliénés.

Le professeur Magnan nous fit voir, il n'y a pas longtemps, une famille de fous : la mère, le fils et le petit-fils. Tous les trois se trouvent à l'asile des aliénés. On fit d'abord entrer le garçon. Il a neuf ans, de taille si petite que pour le montrer au public, on était obligé de le mettre sur une chaise.

Cet enfant est un hypocondriaque qui a la manie du suicide.

— Pourquoi, mon ami, as-tu voulu te couper la gorge ? interrogea le professeur.

— Parce qu'*il* me disait toujours : tue-
toi, tue-toi !

— Qui, *il* ?

— Un petit homme noir, de la bouche
duquel sort du feu.

— Et pourquoi pleures-tu si souvent,
pourquoi es-tu si triste ?

—- Ah ! Monsieur, j'ai le cœur si gros.

Le père de cet enfant est tourneur. Il a
37 ans, une physionomie bonne et honnête, mais pleine de tristesse.

— Pourquoi avez-vous des blessures sur
vos bras ?

— Je ne l'ai pas fait exprès ; c'est *lui* qui
me pousse. Je ne sais pas ce que je *lui* ai
fait, pour qu'*il* s'acharne à vouloir ma
mort. Je n'ai jamais fait de mal à personne,
toute ma vie j'ai gagné honnêtement mon
pain et celui de ma famille, jusqu'au jour
où *il* s'est mis à me persécuter. Il y a un
an *il* a commencé à me pousser le coude
et m'a blessé partout. Combien de fois je
l'ai supplié : ayez pitié, si ce n'est pas pour
moi, pour mes petits enfants ! et *lui*, il rit.
Je me penchai une fois au-dessus du lit de
mon enfant ; *lui* me fait le geste, comme
ça : étrangle-le.

— Qui est-ce, suivant vous, un diable?

— Oh! non, il n'y a pas de diable! Je ne sais pas qui c'est.

Les Parisiens qui, pour la plupart, ne croient que très peu ou pas du tout au diable, le remplacent souvent, dans leur délire de fous, par l'idée de la police.

La mère de ce tourneur est atteinte de la folie religieuse.

Il existe une opinion (partagée à son époque par Griesinger) d'après laquelle, au moment des mouvements révolutionnaires et des guerres, le nombre des aliénés diminuerait. Le professeur Magnan, se basant sur des observations innombrables, est arrivé à des conclusions tout à fait différentes.

Suivant lui la foule, détraquée longtemps d'avance par une mauvaise alimentation, par l'alcoolisme et toutes sortes de privations, fournit justement des éléments de folies qui, durant les crises populaires, présentent un caractère de férocité tout particulier. D'après les observations de Magnan, les communards offraient quantité de cas de ce genre, surtout parmi les ivrognes. En outre, les enfants conçus durant les crises sociales, alors même que leurs parents seraient bien portants, ont une tendance à la folie et donnent un grand nombre de fous. Après 1870-1871 l'aliénation mentale a généralement augmenté en France.

XVI

UNE SOIRÉE A LA SALPÊTRIÈRE

Tous les ans, à la fin de juin, alors que les théâtres ferment et que règne l'été capricieux de Paris, à la Salpêtrière, dans l'asile pour les femmes et les enfants aliénés, on organise une fête touchante, composée de concerts et de spectacles, pour les pauvres habitants de cette colossale maison de fous. Les artistes des meilleurs théâtres de Paris, de l'Opéra, de l'Opéra-Gomique, de la Comédie-Française, du Gymnase et d'autres, s'offrent d'eux-mêmes à prendre part à ces représentations, et il faut voir leur joie quand ils ont réussi à amuser leur public de malades et à provoquer leurs applaudisse-

ments. Les artistes choisissent à cette occasion leurs chansons les plus gaies, leurs
farces les plus comiques et jouent avec entrain, comme si la distraction des malades
les réjouissait eux-mêmes.

Parmi les habitantes de la Salpêtrière, la
seule nouvelle de la soirée qui va venir
produit une grande agitation. Ce n'est pas
que les malades manquent ordinairement
de distractions : on donne deux fois par
semaine, pendant toute l'année, un grand
bal où l'on danse dans la grande salle de
l'hôpital ; un musicien engagé spécialement
joue du piano, et les servantes, faisant le
rôle de cavalier, sont obligées d'inviter les
malades pour le quadrille et pour la valse.
Mais ce sont des bals fermés, et ce qui
flatte spécialement les folles, c'est la présence du public sain et de bon sens, et non
pas des « folles », comme elles considèrent toutes leurs compagnes, exception
faite d'elles-mêmes. Et voilà la raison
troublée de toutes nos malades qui s'in-
génie de mille façons à tâcher d'être des
élues, dont le nombre est comparativement restreint. La Salpêtrière renferme
plusieurs milliers d'internées, et l'amphithéâtre, où la représentation a lieu, ne

peut contenir que 500 spectateurs. En
outre les malades considèrent comme indispensable de se préparer des costumes
convenables pour paraître devant le public. Et cela demande du temps et du travail ..

A huit heures du soir tous les bancs de
l'amphithéâtre sont occupés. C'est un
brouhaha de conversations animées, où
parfois sonne un rire nerveux, le mur-
mure d'une prière ou bien une voix
étrange s'élève, adresse un discours à la
foule, c'est-à-dire à nous, invités (environ
200 hommes), assis sur l'estrade. Une
vieille femme en robe claire et toute une
montagne de fleurs sur son chapeau, après
avoir salué majestueusement, s'assied.
Puis, comme au brusque souvenir de
quelque chose, elle pousse un cri qui re-
tentit dans toute la salle : Vive l'Empe-
reur! A bas la République!... Cette dame
est l'épouse de Napoléon Ier; il y a déjà
36 ans qu'elle est à la Salpêtrière, et elle a
maintenant 86 ans. Une autre dame, habillée avec la même élégance, se parle
à elle-même sans discontinuer, en tenant
sur ses genoux un grand sac; ce sac renferme toutes ses richesses, entre autres

des « dents artificielles » qui ne sont autre chose que quelques douzaines de coquilles d'huîtres. Certaines pleurent doucement ; d'autres se mettent à rire aimablement, s'imaginent reconnaître dans la foule des connaissances d'autrefois ou des amoureux. Mais en général la gaieté prédomine. Sitôt qu'on hausse le gaz des lampes, c'est comme au théâtre, le même joyeux « Ah ! Ah ! Ah ! » qui circule.

Et quand, dans la salle, apparaît le docteur Voisin, suivi de M. Peyron, le directeur de l'Assistance publique, chacun est accueilli par une triple salve d'applaudissements.

— Bravo, Peyron, bravo ! Ou : Vive le docteur !

Mais voilà que la représentation commence. L'artiste Lionet, l'un des organisateurs de la fête, adresse aux « dames » un bref discours où il s'excuse, entre autres choses, de n'avoir pu faire imprimer de programme.

— Oh ! ça ne fait rien.

Les monologues de Germain, de Mlle Brandès, des chansons burlesques, dans le genre de « Bonsoir, M. Pantalon », des farces, provoquent un ouragan de joie.

On crie plusieurs fois « bis » et les artistes, en souriant, recommencent sans se faire prier. De temps à autre, l'acteur est obligé de s'interrompre et d'attendre jusqu'à ce que l'infirmière ait emporté une malade qui a une attaque d'épilepsie ou une crise furieuse.

Parmi les inspectrices, une dame d'un certain âge, assise modestement de côté, au visage ouvert et intelligent, attira ce soir-là mon attention. Sur sa poitrine, tranchant sur le tablier blanc, mis par-dessus la robe noire, un ruban rouge de la Légion d'honneur frappait les regards. Cette femme est Mlle Nicole, dont il a été beaucoup parlé dernièrement.

Mlle Nicole est une des représentantes les plus nobles et réalise le caractère le plus élevé de la femme française contemporaine : caractère inconnu de la littérature pessimiste d'aujourd'hui, à peu près ou complètement ignoré du public. Il a fallu un évènement extraordinaire et retentissant pour qu'on parlât d'elle.

Mlle Nicole appartient à une riche famille (on m'assure même qu'elle est millionnaire). Il y a trente ans, sa mère tomba malade, atteinte d'une maladie nerveuse

qui la fit interner à la Salpêtrière. La
jeune fille, fort belle et instruite, entra
alors à l'hôpital comme garde-malade.
Depuis ce jour-là, Mlle Nicole n'a jamais
quitté la Salpêtrière. Famille, parents,
mariage, elle a tout sacrifié, concentrant
toutes les forces de son cœur sur « ses
enfants », comme elle appelle les idiots et
les crétins qu'elle soigne, qu'elle élève et
qu'elle instruit comme une mère rare et
précieuse. « Ses enfants ! » Ah ! pour eux,
elle arracherait les yeux à n'importe qui.
Rien ne l'intéresse, elle ne veut rien
savoir de ce qui n'a pas rapport à ses
élèves. C'est pour elles qu'elle est devenue
savante, pédagogue, artiste, c'est pour
elles qu'elle a étudié un nombre infini de
métiers. Le gouvernement, à plusieurs reprises, voulut la décorer de la Légion
d'honneur, mais elle refusait toujours.
Dans l'hiver de 1888, lors d'une de ses premières visites comme Président de la République, M. Carnot vint à la Salpêtrière.
La brave femme lui montra avec orgueil
ses élèves, cherchant dans sa tête ce qu'elle
demanderait bien pour elles. Le Président
fut touché de cette persévérance et de cette
passion dans le désir de faire le bien, sans

jamais penser à elle-même. Se tournant
vers un docteur, il ôta de sa boutonnière
le ruban rouge et l'attacha lui-même au
tablier de Mlle Nicole. C'est ainsi que les
Parisiens apprirent qui elle était, et de
quelle façon elle avait employé sa vie.

A cette même soirée dont je parle, une
autre surprise attendait Mlle Nicole : le
député Clovis Hugues lut les beaux vers
écrits par lui en son honneur. Ils se termi-
naient ainsi :

> Saluez maintenant cette folle
> La folle du devoir...

Et il fallait voir l'agitation et la pâleur
dont se couvrit le visage de cette femme
modeste, qui évite toujours soigneusement
le bruit, quand, à ces mots, toute la salle
— les fous et les autres — tout le monde
se leva, ébranlant la voûte d'un fracas
d'applaudissements enthousiastes.

XVII

LE RÉVÉREND PÈRE LUDOVIC DE BESSE

Au nombre de mes amis de Paris je compte une famille des plus sympathiques que je fréquente avec un plaisir tout particulier. Tous les membres de cette famille sont des personnes instruites, quelques-uns sont même littérateurs, tous s'intéressent aux arts, à la politique, bref, à tout ce qui agite Paris et fait parler de soi. Dans leur salon il arrive de rencontrer des hommes politiques, pour la plupart des républicains de l'extrême gauche, et très peu de républicains modérés. Quant aux orléanistes et aux cléricaux, je n'en ai jamais vu là.

Quelques jours avant, j'avais reçu de

mes amis une invitation à venir déjeuner avec eux. En entrant au salon j'aperçus, non sans étonnement, parmi ces visages familiers, une figure inconnue... Imaginez de qui. D'un moine ! En bure brune avec son capuchon, ceint d'une corde terminée par des nœuds, en calotte de velours, il occupait un fauteuil, causant avec beaucoup d'entrain avec la maîtresse de la maison et un député de l'extrême gauche. Ce capucin était un homme décharné, au nez aquilin surmonté d'une grosse paire de lunettes ; il avait une barbe grise tout embrouillée et un grand front sillonné de rides. Tout son extérieur respirait l'intelligence et la bonté, il s'exprimait avec élégance, toutes ses manières étaient douces et polies, accompagnées d'un sourire agréable. On nous présenta l'un à l'autre et je me mis à écouter la conversation du religieux.

Le R. P. Ludovic de Besse est le rédacteur d'une petite revue mensuelle « L'Union économique. » Mais ce n'est pas en qualité d'auteur qu'il mérite de retenir l'intérêt général. Sa valeur principale consiste dans une énergie peu commune, qu'il a manifestée dans la fondation de toute une

série d'établissements pour la protection
du travail et la moralisation des travailleurs. Un religieux banni, grâce à l'article 7,
sans ressources, ayant contre lui le gouvernement et tout le parti républicain,
réussit non seulement à organiser les
établissements populaires mentionnés plus
haut, mais encore à leur inspirer la vie et
à leur procurer la prospérité. Le récit de
l'œuvre de cet homme, intéressant par lui-
même, est précieux encore comme échan-
tillon de ce que le clergé français entre-
prend pour conserver son influence parmi
la classe ouvrière et la petite bourgeoisie,
et montre comment il lutte contre le
progrès de « la libre-pensée ».

Après 1871, un grand nombre d'institutions catholiques populaires furent fondées en France ; entre autres, les *Comités
catholiques*, l'*Union des œuvres ouvrières*,
l'*Œuvre des cercles*, la *Société bibliogra-
phique*, l'*Union de la paix sociale* et plusieurs autres. Toutes ces sociétés sont de
bienfaisance, ne reçoivent comme membres que des catholiques « pratiquants »
et ne rendent service qu'à ces derniers
exclusivement. Un homme qui n'a con-
tracté qu'un mariage civil, seulement de-

vant le maire, ou qui n'a pas baptisé son
enfant, n'est point admis comme membre
des sociétés en question. Il est considéré
comme un ennemi. C'est une grande faute,
parce que cette manière d'agir donne à
ces institutions un caractère intéressé et
l'attitude peu sympathique de chercher à
s'attirer des prosélytes par la perspective
de biens terrestres et de distribuer des
primes pour la fréquentation de l'église et
le baptême des enfants. C'est le moyen de
recruter des bigots et d'éloigner les gens
honorables.

Le Père de Besse repousse absolument
ce principe.

— Tout excès d'autorité est condam-
nable, dit-il. Aujourd'hui, tout homme
qui chez nous prend part à une œuvre où
la religion se trouve mêlée soulève contre
lui la colère la plus absurde. La chose
vient de ce que les esprits, tous les jours
de plus en plus indépendants, sont devenus vétilleux jusqu'à l'excès, en ce qui
touche aux droits de la conscience. La
contrainte religieuse leur apparaît justement comme un attentat à ces droits. Une
des calomnies qui nuit le plus à l'Église,
c'est le désir qu'on lui attribue de faire

des croyants par la force. Cette calomnie est, malheureusement, très répandue. Elle est acceptée même par beaucoup de bc chrétiens qui s'imaginent que l'Église a souvent agi ainsi, qu'elle en a eu le droit et qu'elle peut le faire dans l'avenir.

C'est pour cette raison que le Père de Besse ouvre largement les portes des établissements économiques qu'il a fondés; ils sont accessibles à tous, croyants ou non croyants, catholiques et non catholiques. « Puisque ces établissements sont dirigés par des prêtres avec le concours de quelques pieux laïques, je crois que nous pouvons accepter tous les travailleurs honnêtes. » Les établissements de M. de Besse sont groupés autour du principal, le « Crédit Mutuel. » Le révérend Père a très bien jugé qu'une foule de petits patrons et d'ouvriers qui travaillent isolément se ruinent et tombent dans la misère pour cette raison qu'ils ne peuvent faire de crédit à leurs clients, ou bien qu'ils ne sont pas en état de se procurer des instruments de travail. Les banques populaires rendent dans ces cas des services considérables aux infortunés.

Mais fonder des banques exige des capi-

taux; en outre elles font souvent faillite ou
sont forcées d'arrêter leurs opérations
quand la caisse se vide; et elles ne peuvent
pas toujours restituer l'argent à temps.
M. de Besse s'est avisé d'organiser une
banque presque sans capitaux et qui, néanmoins, rende des services précieux à sa
clientèle. Il a fondé une Société anonyme
dans laquelle il groupe une quantité considérable de petits patrons jouissant tous
d'une réputation irréprochable. Chacun
d'eux a souscrit au minimum une action
de 50 fr. Ces actions ne rapportent rien. Tel
qui ne pouvait verser la valeur de l'action,
donnait une lettre de change pour cette
somme. Ainsi un capital nominal de 70 000
francs, si je ne me trompe, fut composé.
C'est avec ce capital que la petite Société
commença ses opérations. Chaque membre séparément, un petit commerçant ou
un ouvrier, avant son entrée dans la Société, n'avait aucune facilité d'emprunter de
l'argent, même pour une somme médiocre
dans une banque.

Il était obligé de s'adresser à l'usurier et
de payer des intérêts écrasants. De son
côté, il ne pouvait faire crédit de ses marchandises à ses clients et, comme il payait

de gros intérêts pour le capital emprunté, il lui était impossible de vendre à meilleur marché que les gros commerçants. Adhérait-il à la Société, sa position changeait radicalement. Il lui devenait possible de livrer ses marchandises contre des lettres de change, que la Société faisait escompter immédiatement à la Banque de France. En cas de nécesité le membre du « Crédit Mutuel » pouvait, par l'entremise de ce dernier, emprunter des petites sommes à un intérêt modéré. L'avantage est simple et évident. La Banque de France avait refusé d'abord d'escompter les lettres de change des membres de la Société de M. de Besse. Mais sur l'insistance de ce dernier elle se décida à essayer. Comme on paya très exactement, la banque augmenta peu à peu son crédit. Aujourd'hui, après trois ans, elle en escompte pour 200.000 francs par mois. Lors de ma visite chez le révérend Père de Besse, dans le local de la Société, j'eus en mains tout un paquet de ces lettres de change. L'immense majorité représente une valeur qui varie de 50 à 70 francs. Or, du compte-rendu de la Société pour l'année 1887, il résulte que sur 7.083 lettres de change, escomptées par la Ban-

que de France au cours de l'année, 2.844
représentaient chacune une somme de 1 à
50 fr., et 46 seulement une somme de plus
de 1.000 francs.

Les sommes qui n'ont pas été payées à
l'échéance ne dépassaient pas 1.725 fr.

Le « Crédit Mutuel » prélève 6 0/0 sur
la somme prêtée, et comme il paye lui-
même pour ce crédit 3 0/0, les 3 qui restent constituent ses bénéfices.

Mais M. de Besse a trouvé encore un
moyen très ingénieux d'élargir les opé-
tions de son établissement. C'est ce qu'il
appelle le prêt gratuit.

Au point de vue de l'Evangile, dit-il, le
prêt gratuit et l'aumône ont le même mérite. Les gens riches peuvent donc faire
de bonnes œuvres sans rien dépenser.
M. de Besse leur prend des valeurs en
papier, dont il paye ponctuellement les
intérêts et tout en s'engageant à les rendre
à leurs possesseurs à première réquisition.
Il porte ces valeurs à la Banque de France
qui, sur cette garantie, augmente le crédit de la Société.

Pour les petits rentiers, l'avisé révérend
Père a une autre combinaison. Il leur
prend aussi leurs valeurs, en leur offrant

un pour cent de plus, comparativement
à ce qu'elles leur rapportent. Le rentier y
gagne ainsi que la Société qui profite, de
cette façon, d'un capital qui ne lui coûte
qu'un pour cent. Telle est, tracée grossiè-
rement, l'organisation de cette banque
populaire si originale.

Ayant réuni ainsi une multitude de
petits patrons, reliés entre eux par un
commun intérêt, le R. P. de Besse se
sert de cette institution pour exercer une
influence morale sur toute une classe de
travailleurs. Au « Crédit Mutuel » est rat-
taché un bureau gratuit de placements
pour employés des deux sexes, ouvriers
et ouvrières pour magasins, bureaux et
ateliers. La Société garantit la bonne conduite des personnes recommandées. mais,
de son côté, elle veille à ce que les patrons
se montrent justes et honnêtes envers leurs
subalternes et à ce qu'ils ne supportent
chez eux aucune conduite débauchée ni
rien de contraire à la morale religieuse.
La Société du « Crédit Mutuel » possède, en
outre, des caisses d'épargne pour les ouvriers, une caisse ouvrière destinée à délivrer des pensions aux ouvriers méritants,
et un patronat pour les ouvrières. Le tout

comme on le voit, a pour but de mettre le
clergé à même de rendre des services aux
patrons et aux ouvriers et d'exercer, par
celà même, une influence sur les uns et
les autres. Et la chose se réalise avec un
plein succès, dans un centre comme Paris,
par les soins de ces mêmes religieux qui
sont censés — sur le papier — expulsés de
la France et leurs couvents mis sous
scellés. J'ai visité celui de la rue de la
Santé, habité par le R. P. de Besse. En
s'approchant de ce bâtiment on peut, en
effet, croire qu'il est inhabité : la porte
cochère est clouée, les cloches ne sonnent
jamais. Il n'y a qu'une petite porte qui est
laissée ouverte, dans la muraille. Mais,
entrez là et vous verrez que malgré et en
dépit du sot article 7 de J. Ferry, la vie
déborde ici : les gens y sont occupés à
mille choses : on reçoit les visiteurs, on
discute les affaires, comme si de rien
n'était. Treize religieux habitent ce mo-
nastère. La police connaît assurément
leur présence, sait ce qu'ils font, et n'y
trouve rien à redire. Mais alors, pourquoi
n'a-t-on le courage d'abroger ouvertement
cette mesure maladroite qui n'a causé à
la République que du mal et qui, en réa-

lité, n'a même pas été mise à exécution ? C'est le secret de la politique incohérente de ceux qui sont au pouvoir. Pour reconnaître leur erreur, ils la reconnaissent bien : mais ils se refusent à la corriger, par amour-propre. Comme le pape, dont ils n'admettent pas l'autorité, ils sont infaillibles !

TABLE DES MATIÈRES

Imp. Lambert, Épinette et Cie, 231, rue Championnet.

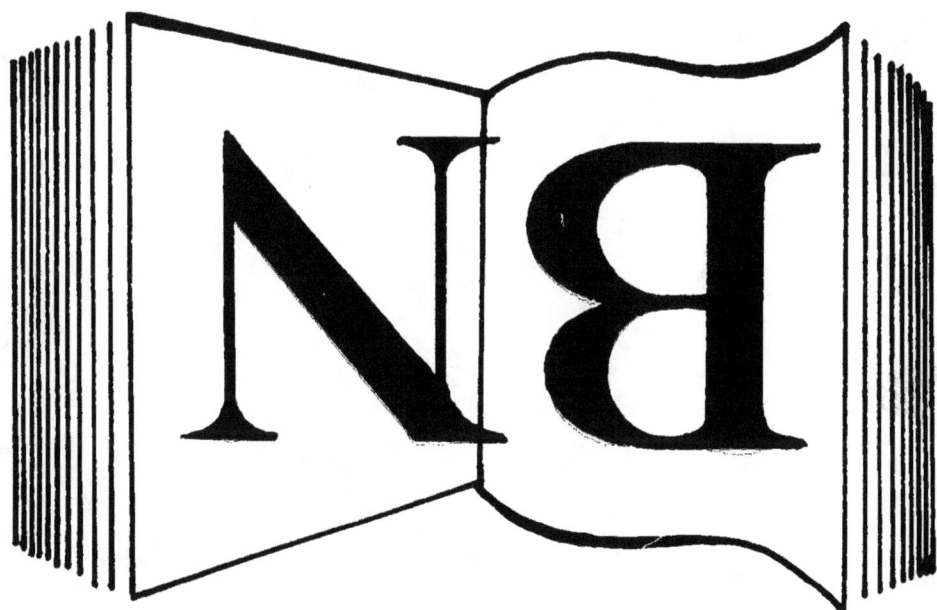